THE TEXT OF FROZEN DRINK

基本技術と多彩なバリエーション

フローズンドリンク教本

根岸 清 KIYOSHI NEGISHI

はじめに ～フローズンドリンクの魅力～

いまやカフェを中心に多くのお店で人気を集める「フローズンドリンク」。フローズンドリンクは「グラニータ」（Granita）や「スムージー」（Smoothie）と呼ばれるものがあり、「フローズン」の名の通り、氷や凍らせたフルーツをブレンダー（ミキサー）にかけて作るのが特徴です。

見た目も飲み心地もGood!

フローズンドリンクの魅力は、まず何と言っても「清涼感」。グラスに注がれたフローズンドリンクの涼しげな見た目は、視覚的にも美味しさを感じさせてくれます。さらに、氷や凍らせたフルーツを細かく砕いて作るフローズンドリンクは、他のドリンクとは違った飲み心地の良さがあります。独特の「のど越し」も大きな魅力です。

また、「満足感が高い」のもフローズンドリンクの長所。例えば、一般的な氷入りのドリンクは、総量が280㎖だとしても、その中に20ｇの氷が5個くらい入るので液体量は180㎖。それがフローズンドリンクだと、

氷部分まで液体状になっているので、２８０㎖をすべて飲むことができる満足感の高さがあります。日本人のドリンクを飲む量は増えてきていて、昔は１８０㎖だった缶ジュースの量もいまは３５０㎖が標準となり、さらに５００㎖のペットボトルも人気です。この点からも、満足感の高いフローズンドリンクは、商品としての優位性があります。ちなみに、アメリカでは健康飲料として朝食代わりに飲む人も多く、24オンス（６８０㎖）の大きなカップにたっぷりのスムージーが出てきて驚かされます。

豊かなバリエーション

そして、オリジナリティーを出しやすいのも、フローズンドリンクの大きな特長です。様々な素材を使って作ることができ、材料の配合によって味わいも変化します。そのバリエーションの豊かさを生かして、それぞれのお店が個性を発揮することで商品価値を高めることができます。

本書は、その商品開発に役立つ「教本」としての情報をまとめました。紹介している基本知識や豊富なレシピを参考にして、魅力的なフローズンドリンクを開発していただければと思います。

CONTENTS

CHAPTER Ⅲ

フローズンドリンク Type 2

多彩な素材

CHAPTER Ⅳ

フローズンドリンク Type 3

スムージー

※本書をお読みになる前に

●フローズンドリンクのレシピは、目指す味わいによって使用する材料や分量は変わってきます。紹介するレシピは一例として参考にしてください。

●フローズンドリンクは、レシピだけでなく、使用する機器等によっても仕上がりに違いが出る場合があることを踏まえてレシピを参考にしてください。

●使用するフルーツ等の皮や種の下処理は必要に応じて行ってください。尚、フルーツ等の分量は、皮や種を取る場合は、皮や種を取った状態の重量です。

CHAPTER

I

フローズンドリンクの基本知識

Basic Knowledge of Frozen Drinks

本書で紹介するフローズンドリンクの3つのタイプ

日本ではフローズンドリンクを「スムージー」と総称することもありますが、本書では、材料などの違いから以下の3つのタイプに分けてレシピを紹介します。

一つめのタイプは「グラニータ」（Granita）。グラニータはイタリア・シチリア島が発祥で、高山の雪を保存して柑橘類などをかけて食べたのが始まりと言われます。みぞれ状で、英語では「スラッシュ」と呼ばれます。本書では、フルーツに氷を加えて作る、みぞれ状のフローズンドリンクをグラニータとして紹介します。

二つめは「多彩な素材」という名でカテゴリーしたフローズンドリンクです。抹茶、野菜、コーヒー、ナッツ類など、文字通り、多彩な素材を使ったフローズンドリンクです。これらの素材には相性の良い牛乳を合わせましたが、氷を加えて作るのはフルーツのグラニータと同様です。

三つめは「スムージー」です。スムージーの語源・Smoothieは、滑らかな、ムラのないという意味。健康飲料として、アメリカで人気のあるフローズンドリンクです。その特徴は、凍らせたフルーツや野菜をベースに作ること。氷はほとんど使われません。本書でもこのタイプを、スムージーとして分類しました。スムージーは、凍らせたフルーツや野菜だけでなく、フレッシュフルーツやフルーツ果汁、ヨーグルト、あるいは牛乳や豆乳、アーモンドミルクなども加えて作り、「一日に必要なビタミン、ミネラルがバランスよくとれる」というのがコンセプトのヘルシードリンクです。

以上が本書で紹介するフローズンドリンクの3つのタイプ。他の主な材料としてはシロップや安定剤があります。シロップ（＝甘さ）や安定剤もフローズンドリンクのクオリティーに大きく影響するので、その基本知識も次頁からの「重要ポイント」の中で解説します。

Type 1 グラニータ

フルーツ ＋ 氷

本書では、フルーツなどに氷を加えて作る、みぞれ状のフローズンドリンクを「グラニータ」として紹介。他の主な材料はシロップ、安定剤など。

Type 2 多彩な素材

抹茶・コーヒー etc. ＋ 氷

抹茶からコーヒー、ナッツ類まで、多彩な素材を使ったフローズンドリンク。相性の良い牛乳を合わせる。氷を使うのは「グラニータ」と同じ。

Type 3 スムージー

凍らせたフルーツ・野菜 ＋ フレッシュフルーツ・ヨーグルト・牛乳・豆乳・etc.

凍らせたフルーツや野菜をベースに作るフローズンドリンクを、本書では「スムージー」と分類。アメリカで人気の「スムージーボール」も紹介。

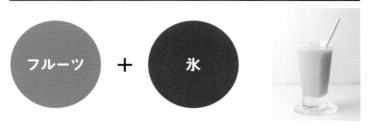

フローズンドリンクの重要ポイント

低速回転から高速回転

フローズンドリンクは材料をブレンダー（ミキサー）にかけて作ります。作り方の基本としては、最初は低速回転で材料を混ぜ合わせ、その後、高速回転にしていきます。最初から高速回転にすると氷などの固い材料を上に跳ね上げて空回りし、上手く砕くことができない場合があるので、最初は低速回転が基本になります。

今はフローズンドリンクを作るのに便利で高性能な専用ブレンダーも販売されています。本書で使用しているのも、回転のスピードや時間をプログラミングできるフローズンドリンクの専用ブレンダーです。１２３Ｐからの企画でも、フローズンドリンクの注目マシンを紹介しています。どんなブレンダーやマシンを使うかは、お店の考え方によって違ってきますが、どちらにしても製品の特徴や使い方をよく調べて、自店に合ったものを選んでいただければと思います。

本書で使用しているブレンダーは、バイタミックス社の「サイレントブレンダー」（販売／㈱エピック）。高性能を誇るフローズンドリンクのブレンダーで、「驚くほどの静かさ」も実現している。

目安の「比率」を知っておく

材料をブレンダーにかけて作るフローズンドリンクは、作り方自体は決して難しくはありませんが、自分でレシピを考案できるようになるためには、知っておかなければならない大切な知識があります。その一つが「氷」の使用量です。飲み心地の良いフローズンドリンクに仕上がるかどうかは、氷の使用量が大きなポイントになります。

「グラニータ」タイプの「水と氷」の重量比率の目安は「水１：氷１」です。要するに氷が半分だと、飲み心地の良い仕上がりになります。ただし、これは「水」が20℃くらいの常温の場合です。５℃くらいの冷蔵の「水」の場合は、「水１：氷１」だと仕上がりが固くなり過ぎます。そこで、氷の割合を減らして「水３：氷２」の比率にします。

ここで言う「水」とは、実際にグラニータを作る際には、水そのもの、フルーツ、フルーツ果汁、牛乳、豆乳、シロップなどの氷以外の材料を指します。「水１：氷１」、「水３：氷２」という表記は覚えやすいことから、ここでは便宜上、それらをすべて「水」として解説しています。尚、「水３：氷２」は「水６：氷４」と覚えておくことで、レシピを考える際に分量を計算しやすくなります。この目安の比率を、まずは頭に入れておいていただければと思います。

「微調整」が大事になる

そして、ここからがさらに大事な話になります。実際にフローズンドリンクを作る場合は、「微調整」が必要になるからです。例えば、フルーツは冷蔵したもの、シロップは常温のものという風に、一杯のフローズンドリンクを作るのに、冷蔵のものと常温のものを一緒に使用することが

グラニータの材料の比率の目安

※生のフルーツを使う場合

- フルーツ 20〜50%
- 氷 40〜50%
- 安定剤 0.2〜0.5%
- 糖分 12〜15%
- 水 100%ー他の材料

フルーツは風味や香りの強さによって使用量が変わるため、配合比率は20〜50%と幅がある。糖分量はフルーツに含まれる糖分を踏まえながらシロップを加えて調整。フルーツとシロップの糖分の総量で全体の12〜15%が目安。

スムージーの材料の比率の目安

- 凍らせたフルーツ・野菜 40%
- フルーツ果汁・牛乳・豆乳・ヨーグルトetc. 60%

スムージーでは、フルーツ果汁や牛乳、豆乳、ヨーグルトなどは冷蔵保存の材料が使われる。そのため、この数値が基本的な比率になる。

グラニータの「水と氷」の比率（重量）の目安

「水」が常温の場合（20℃前後）

水1：氷1

「水」が冷蔵の場合（5℃前後）

水3：氷2

※「水3:氷2」は「水6:氷4」と覚えておくと、レシピを考える際に分量を計算しやすい。

グラニータを作る際の「水」

・水そのもの　・フルーツ　・フルーツ果汁
・牛乳　・シロップ　etc.

「水1:氷1」、「水3:氷2」という表記は覚えやすいことから、ここでは便宜上、氷以外の材料を「水」として解説（※抹茶の粉末などを使う場合も、上記の「水」に含める）。この目安の比率をベースに、下の表に例を記した「微調整」を行なう。

「微調整」の例

- 冷蔵の材料を中心に、常温の材料も一部使うので、「水3:氷2」の比率よりも氷を少し増やす
- 冷凍庫の温度が低く、氷の「固さ」が固めなので、氷を少し減らす
- まとめて2杯作る時は、ブレンダーの容器の温度の影響が小さくなるので、氷を減らす

etc.

多くあります。その際、先述した目安の比率を元に微調整を行うのです。

本書で紹介するグラニータのレシピも、全体量３００ｇに対して氷の量は１３５ｇ。「水」の材料がすべて冷蔵なら「水６：氷４」の比率に合わせて氷は１２０ｇ（「水」１８０ｇ）にすれば良いのですが、シロップや水（そのもの）は常温で使用するため、その点を加味して氷の量を少し増やして１３５ｇにしました。

氷等の「固さ」も考慮

また、氷や冷凍フルーツの「固さ」の違いでも微調整が必要になります。冷凍庫の温度が低くて氷や冷凍フルーツが「固い」場合は氷類を減らし、逆に「柔らかい」場合は氷類を増やした方が良い場合もあります。さらに、フローズンドリンクを1杯だけ作るのか、まとめて2杯作るのかによっての違いもあります。まとめて2杯作る方が、ブレンダーの容器の温度の影響が小さいため、その分、氷類を減らした方が良い場合もあります。どう微調整するかは、使っている冷凍庫やブレンダーによっても違ってくるので一概には言えませんが、こうした要因も仕上がりに影響することを知っておいてください。

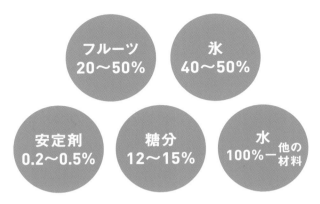

他にも、粘度のある芋類を使う際は氷を減らします。そうした方が、ブレンダーがスムーズに回転します。様々なフローズンドリンクを作る中で、こうした素材ごとの微調整にも慣れていただければと思います。

一方、スムージーについては、凍らせたフルーツや野菜以外の材料は、フレッシュフルーツやフルーツ果汁、牛乳、豆乳、ヨーグルトなど、冷蔵保存の材料が使われます。そのため、「凍らせたフルーツ・野菜が40％、その他の材料が60％」が基本的な比率になります。

本書で紹介するスムージーは、冷蔵のヨーグルトではなく、「フローズンヨーグルト」を用いるアレンジを加えていますが、その解説については99Pをご参照ください。

シロップと安定剤の役割

フローズンドリンクに使われる「シロップ」と「安定剤」の役割についても、ここで解説しておきます。

フローズンドリンクは、一般的なコールドドリンクよりも冷たいため、飲んだ際に甘みが弱く感じられます。また、甘みが弱いとフルーツなどのフレーバーも弱く感じられるため、一定以上の糖分が必要です。糖分の目安は全体量の12〜15％。それだけの糖分量にするためにシロップを使います。そして、シロップの使用量は、11Pで紹介しているフルーツに含まれる糖分量などを踏まえて決めます。

一方、安定剤（本書で使用している安定剤は「ミキサーゲル」）を使うのは、「水と氷」が分離しにくくするためです。安定剤を使わないと、時間の経過とともに氷が浮き、水分が下に溜まってきます。ストローで下の液体だけ飲むと、最後は氷が多くなって味が水っぽくなってしまいます。そうならないように、安定剤でとろみをつけて分離を遅らせます。ただし、多く使用し過ぎると、粘度が増し、口溶けが悪くなり、風味も出にくくなるので注意が必要です。

また、マンゴーやバナナのようにとろみがあるフルーツや、イチゴなど酸味のあるフルーツに牛乳やヨーグルトなどの乳製品を混ぜ合わせると、たんぱく質と酸の反応などで自然ととろみがつきます。「ゲル化」と呼ばれる現象です。ゲル化する場合は、安定剤を使う必要はありません。

大切なフルーツの知識

フローズンドリンクは、一定量の糖分が必要であることを先に説明しました。しかし、シャーベットなどに比べれば糖分量の割合が多いわけではありません。

理由は、1回に飲む量がシャーベットの3倍以上と多く、さらにシャーベットに比べれば冷たさが弱く、甘みは強くなるためですが、それだけフルーツを始めとした素材のフレーバーが美味しさの決め手になるということです。そこで、ここではフローズンドリンクのフレーバーとして特に多く使用される「フルーツ」の大切な知識について解説します。

「完熟と追熟」の知識

まず、フルーツは「熟度」によって味が変わります。生のフルーツを使う場合は、より美味しく熟した時に使うプロの目を養うことも大切になります。

フルーツは「熟度」によって味が変わる。ただし、収穫後に追熟するものと、そうでないものがある。例えば、バナナは追熟するが、イチゴは追熟しない。

フルーツの形態

ピューレ

「冷凍」と「常温」のピューレがある。「冷凍」は生の風味に近い。糖分調整、加糖されたものもあるので、その点を踏まえて使用。

冷凍

ホールとキューブ（カットされたもの）があり、冷凍なのでロスが出にくい。冷凍保存の際は霜が付き、乾燥しやすいので注意。

生

生のフルーツの美味しさは大きな魅力。ただし、傷みやすいフルーツも多いため、一度に仕入れる量の調整などが大切。食べ頃の見極めも重要。

その点で知っておきたいのが「完熟と追熟」の知識。完熟とは果実や種子が熟れることを言い、糖質を十分に蓄えて甘さが増し、色も濃くなって香りも強くなります。生産者に樹上で完熟したフルーツを収穫してもらい、フローズンドリンクに使うことができれば理想的です。

しかし、それは一つの理想であって、実際にはフルーツの多くは完熟する前に収穫されています。完熟すると傷みやすいからです。

そのため、未成熟の果実を、収穫後に常温に置いて熟れさせる「追熟」が重要になります。「追熟」しても樹上の完熟と同じにはなりえないと言われますが、未成熟な状態よりも甘みなどが増します。例えば、バナナ、プラム、マンゴー、パパイヤ、メロン、キウイフルーツ、西洋梨などは追熟するフルーツです。一方、イチゴ、ブルーベリー、パイナップル、和梨、リンゴ、ブドウ、スイカなどは追熟しないフルーツで、収穫後に常温に置いても甘みを増さず、鮮度が落ちるので注意してください。

「生」以外の選択肢もある

フルーツは「生」だけが選択肢ではありません。生のフルーツは、フレッシュな美味しさが大きな魅力ですが、反面、下処理の手間がかかり、ロスが出やすいという課題もあります。最近は、フルーツの「冷凍」や「ピューレ」も品質が上がっています。それぞれの特徴を踏まえて、どれを使うのかをよく検討してください。本書で紹介するグラニータは、冷凍ホールや冷凍ピューレのフルーツを使ったレシピも掲載しています（50P）。

また、レシピ作成では、各フルーツの糖分量を踏まえてシロップの使用量を決めます。糖度が高いものと低いものでは数値に結構な差があることも、知っておいていただければと思います（右表参照）。

フルーツ・野菜の糖度（糖分）の例

トマト	5%	ブラッドオレンジ	11%
イチゴ	8.5%	カボチャ	13%
レモン	8.6%	パイナップル	13%
パパイヤ	9%	キウイフルーツ	14%
アプリコット	9%	リンゴ	14%
桃	10%	西洋梨	14%
バレンシアオレンジ	10%	パッションフルーツ	16%
プラム	10%	スイートコーン	16%
ネクタリン	10%	ブドウ	16%
グレープフルーツ	10%	マンゴー	16%
ラズベリー	10%	バナナ	22%
ブルーベリー	11%	サツマイモ	31%

（※数値は目安の一つで、必ずこの数値に該当するとは限りません。）

CHAPTER

Ⅱ

フローズンドリンク | Type ❶

グラニータ

Frozen Drink
Type1

Granita

本書で「グラニータ」として紹介する「フルーツ×氷」のフローズンドリンクは、多彩なフルーツを使って作ることができます。この章では、「ベリー類」「オレンジetc.」「トロピカル系」「ブドウ・リンゴ・桃」「その他のフルーツ」に分類して、25種類以上のグラニータを紹介します。

紹介するグラニータのレシピは、果実量を全体量（３００ｇ）の30〜35%（90〜１０５ｇ）にしています（一部、フレーバーが強いフルーツは使用量を減らしています）。基本的にこれくらいの果実量にすれば、フルーツのフレーバーを十分に感じてもらうことができるでしょう。

ただし、これはあくまでも目安です。例えば、もっとフルーツのフレーバーを強めたいということであれば、使用量を増やしてください（当然、原価率も上がるので、その点も検討した上で）。あるいは、仕入れたフルーツの風味が弱い場合などは、使用量を増やした方が良いかもしれません。お店の方針や使用するフルーツの品質に合わせて、調整していただければと思います。

また、お店で販売する際には、「旬のフルーツのグラニータをおすすめ商品にする」、「地元名産のフルーツを使う」など、季節感や地産地消を魅力にすることもできます。さらにフローズンドリンクは、見た目がよくない、いわゆるB級品のフルーツであっても、味に問題が無ければ使用できます。

より商品価値を高めるために、原価を上手に抑えるために、そうした商品開発の工夫も検討してみると良いでしょう。

紹介するレシピについて

〈材料〉

温度帯	材料	分量	糖分量
冷蔵 / 冷凍 / 常温	オレンジ生	105g	10.5g
	レモン果汁	4g	0.3g
	シロップ	45g	27.0g
	氷	135g	—
	水	10g	—
	安定剤	1g	—
	合計	300g	37.8g

甘さの目安になる糖分量

▪ 果実分量35%　糖分量12.6%

8P〜の「重要ポイント」で解説したように、フローズンドリンクは材料の温度も重要なので、レシピには上記のように各材料の温度帯を示し、甘さの目安になる糖分の総量も表記。フルーツをメインに使うグラニータのレシピは「果実分量」の割合（レモン果汁は除く）も算出。

使用するシロップ（糖分60%）

水	400g
グラニュー糖	600g
合計	1000g

使用する「安定剤」について

安定剤には色々なタイプがあり、タイプによって使用量などが変わる。本書のレシピで使用している安定剤は「ミキサーゲル」。冷水でも溶けて安定効果を発揮する。レシピでの使用量は全体量の約0.3%。

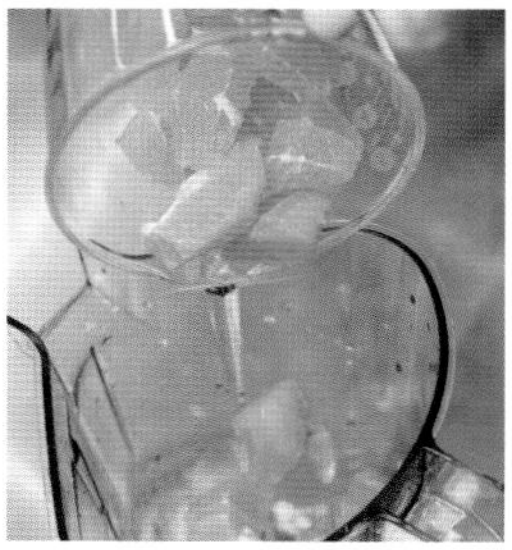

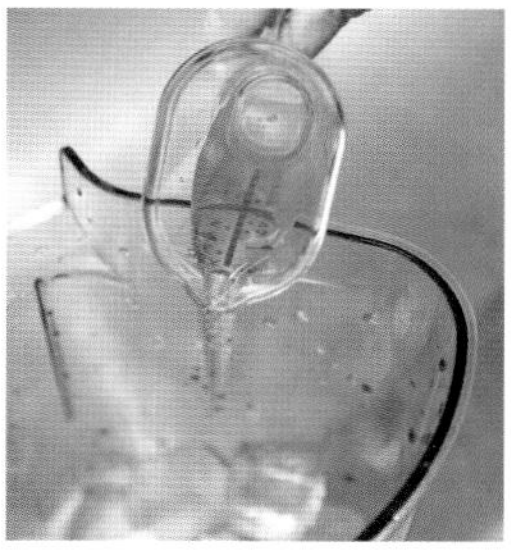

フルーツとともに少量のレモン果汁を使用。グラニータは氷を使って作るので、氷の水分で薄まったフルーツの酸味を補うためにレモン果汁を加える。ただし、酸味の強いパッションフルーツなどを使う場合は使用しない。

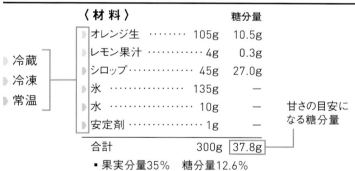

BERRY

ベリー類

日本人が大好きなイチゴ。フローズンドリンクでもイチゴを使った商品は人気があります。イチゴの種類によっても味わいが変わるので、素材選びもポイントです。他のベリー類も、それぞれに味や色に個性があり、魅力的なフローズンドリンクを開発できます。

♦ストロベリー グラニータ

Strawberry Granita

〈材料〉		糖分量
イチゴ生	105g	8.9g
レモン果汁	4g	0.3g
シロップ	50g	30.0g
氷	135g	—
水	5g	—
安定剤	1g	—
合計	300g	39.2g

- 果実分量35.0%
  糖分量13.1%

♦ブルーベリー グラニータ

Blueberry Granita

〈材料〉

		糖分量
ブルーベリー生	105g	11.6g
レモン果汁	4g	0.3g
シロップ	45g	27.0g
氷	135g	—
水	10g	—
安定剤	1g	—
合計	300g	38.9g

- 果実分量35.0%
  糖分量13.0%

ブルーベリーは目に良いと言われるアントシアニンを含み、他のベリー類とは違う個性的な色合いも特徴になる。

♦ラズベリー グラニータ

Raspberry Granita

〈材料〉

		糖分量
ラズベリー生	90g	9.0g
レモン果汁	4g	0.3g
シロップ	50g	30.0g
氷	135g	—
水	20g	—
安定剤	1g	—
合計	300g	39.3g

- 果実分量30.0%
  糖分量13.1%

♦ミックスベリーグラニータ

Mixberry Granita

〈材料〉

〈材料〉		糖分量
イチゴ生	45g	3.8g
ラズベリー生	30g	3.0g
ブルーベリー生	30g	3.3g
レモン果汁	4g	0.3g
シロップ	50g	30.0g
氷	135g	―
水	5g	―
安定剤	1g	―
合計	300g	40.4g

- 果実分量35.0%
  糖分量13.5%

フルーツ×牛乳のミルキーバージョンも!

〈材料〉

材料	分量	糖分量
イチゴ生	90g	7.7g
グラニュー糖	30g	30.0g
牛乳	45g	0.0g
氷	135g	—
合計	300g	37.7g

- 果実分量30.0%／糖分量12.6%

イチゴの酸味と牛乳のタンパク質が合わさることでヨーグルト状(ゲル化)になるため、安定剤は使用しない。レモン果汁も不使用。また、牛乳を使ったこのレシピでは、シロップではなくグラニュー糖を使用。

フルーツは牛乳と相性が良いものが多く、例えば、「イチゴミルク」は老若男女を問わず、多くの人に好まれます。

本書で紹介しているイチゴのグラニータ(15P)も、左記のレシピのように牛乳を用いるアレンジを加えることで、イチゴミルクの味わいにできます。他のフルーツでも、同様にミルキーバージョンにすることが可能です。

Strawberry & Milk Granita

◆オレンジグラニータ

Orange Granita

ORANGE

オレンジetc.

「オレンジグラニータ」は、オレンジの爽やかな酸味が魅力。より爽快な美味しさが楽しめます。ブラッドオレンジ、マンダリンオレンジ、ぽんかんなども試してみてください。ここでは同様に爽快感のあるグレープフルーツやレモンのグラニータも合わせて紹介します。

オレンジは外皮を剥き、中の身を薄皮ごと適度な大きさにカット。上の右写真でも見えている白い筋の部分は、オレンジの場合は取り除かなくてもOK。一方、25Pで紹介しているグレープフルーツは、白い部分を取り除いた方が味が良くなる。

〈材料〉		糖分量
オレンジ生	105g	10.5g
レモン果汁	4g	0.3g
シロップ	45g	27.0g
氷	135g	—
水	10g	—
安定剤	1g	—
合計	300g	37.8g

- 果実分量35.0%
  糖分量12.6%

◆ブラッドオレンジグラニータ

Blood Orange Granita

〈材料〉

材料	分量	糖分量
ブラッドオレンジ生	105g	11.6g
レモン果汁	4g	0.3g
シロップ	45g	27.0g
氷	135g	ー
水	10g	ー
安定剤	1g	ー
合計	300g	38.9g

- 果実分量35.0%
  糖分量13.0%

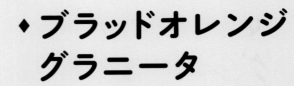

◆マンダリンオレンジ グラニータ

Mandarin Orange Granita

〈材料〉

材料	分量	糖分量
マンダリンオレンジ生	105g	12.6g
レモン果汁	4g	0.3g
シロップ	40g	24.0g
氷	135g	―
水	15g	―
安定剤	1g	―
合計	300g	36.9g

- 果実分量35.0%
  糖分量12.3%

◆ポンカン グラニータ

Ponkan Granita

〈材料〉		糖分量
ポンカン生	105g	10.5g
レモン果汁	4g	0.3g
シロップ	45g	27.0g
氷	135g	ー
水	10g	ー
安定剤	1g	ー
合計	300g	37.8g

- 果実分量35.0%
  糖分量12.6%

◆グレープフルーツ グラニータ

Grapefruit Granita

〈材料〉

材料	分量	糖分量
グレープフルーツルビー生	105g	10.5g
レモン果汁	4g	0.3g
シロップ	45g	27.0g
氷	135g	―
水	10g	―
安定剤	1g	―
合計	300g	37.8g

- 果実分量35.0%
  糖分量12.6%

◆レモングラニータ

Lemon Granita

〈材料〉

〈材料〉		糖分量
レモン生果汁	33g	2.8g
レモン皮（すりおろしたもの）	1g	0.1g
シロップ	60g	36.0g
氷	140g	―
水	65g	―
安定剤	1g	―
合計	300g	38.9g

- 果実分量11.0%
  糖分量13.0%

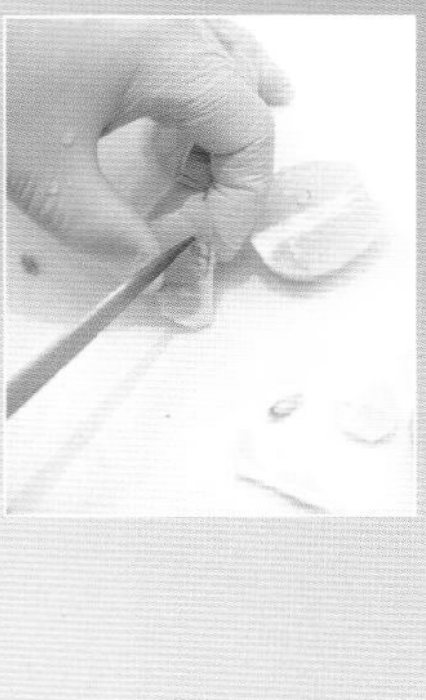

レモンは種を取り除いた後、果汁を絞る。レモンは酸味のフレーバーがかなり強いため、使用量を抑える。

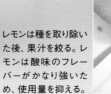

シチリア式のレモングラニータとブリオッシュ

グラニータ発祥の地と言われるイタリアのシチリア島。そのシチリアには、レモングラニータとブリオッシュを一緒に味わうスタイルがあります。

牛乳を使って作る優しい風味のブリオッシュと、爽やかなレモングラニータの組み合わせは、心もほっと和むようなテイスト。シチリアのリゾート気分を楽しめるかもしれません。

Lemon Granita & Brioche

〈材料〉		糖分量
パイナップル生	105g	13.7g
レモン果汁	4g	0.3g
シロップ	40g	24.0g
氷	135g	—
水	15g	—
安定剤	1g	—
合計	300g	38.0g

▪ 果実分量35.0%／糖分量12.7%

パイナップルは追熟しないフルーツ。買った時点の風味や甘さが重要。その選び方としては、まず葉が生き生きとした新鮮なものを選びたい。そして、葉の付け根の◇模様が大きいほど熟れていて、甘さが強い場合が多い。

TROPICAL

トロピカル系

パイナップル、パパイヤ、マンゴー、パッションフルーツなどのグラニータを「トロピカル系」として紹介。南国のイメージを魅力にできるフローズンドリンクです。「ドラゴンフルーツ+パッションフルーツ」など、数種類を組み合わせたレシピも紹介します。

◆パイナップルグラニータ

Pineapple Granita

◆パパイヤグラニータ

Papaya Granita

〈材料〉

材料	分量	糖分量
パパイヤ生	90g	8.1g
レモン果汁	4g	0.3g
シロップ	50g	30.0g
氷	135g	—
水	20g	—
安定剤	1g	—
合計	300g	38.4g

- 果実分量30.0%
  糖分量12.8%

♦パッションググラニータ

Passion Fruit Granita

〈材料〉

材料		糖分量
パッションフルーツ生	75g	12.0g
シロップ	45g	27.0g
氷	135g	—
水	44g	—
安定剤	1g	—
合計	300g	39.0g

- 果実分量25.0%
  糖分量13.0%

◆マンゴー グラニータ

Mango Granita

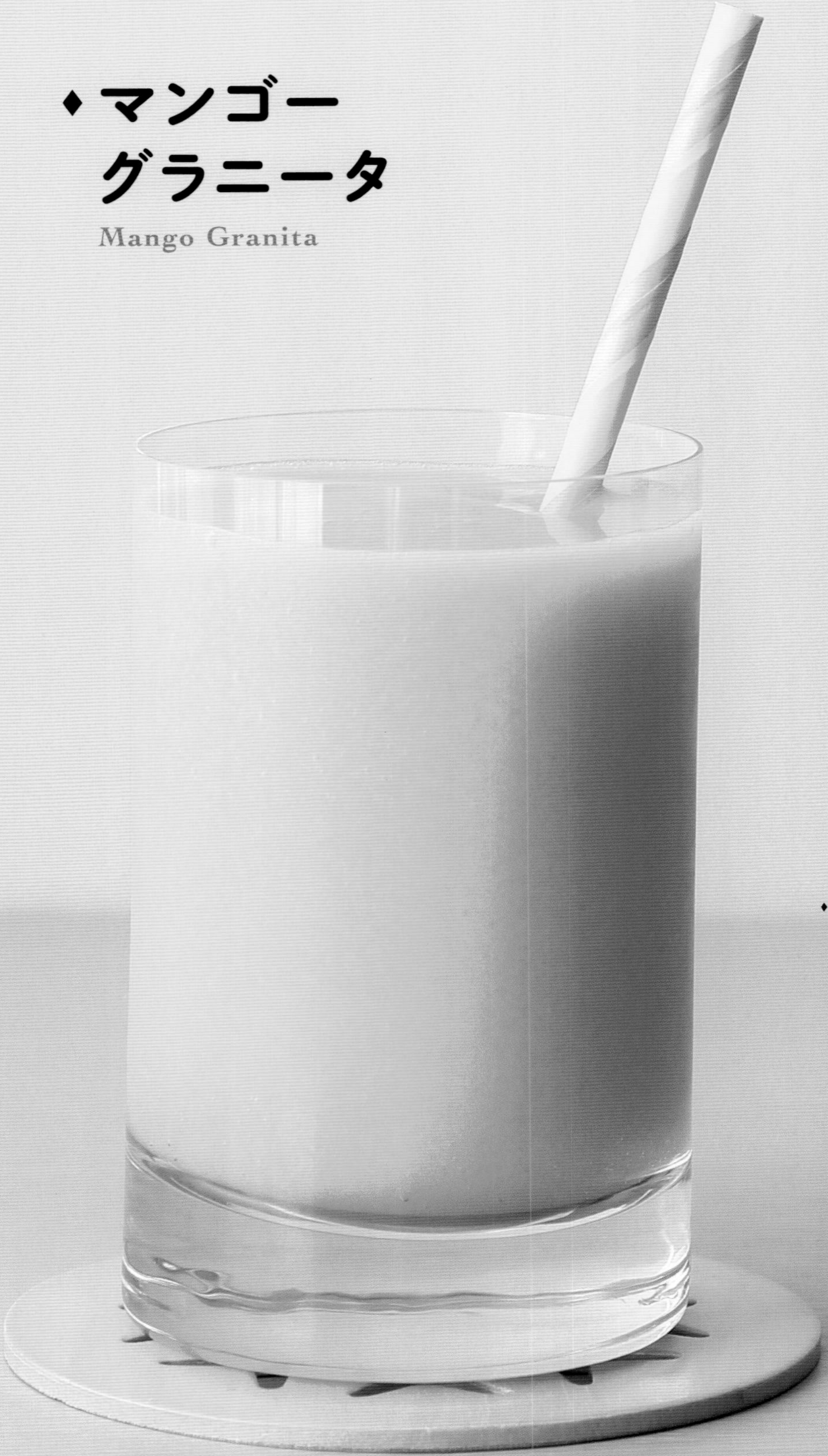

〈材料〉		糖分量
マンゴー生 ……	90g	14.4g
レモン果汁 ………	4g	0.3g
シロップ ………	40g	24.0g
氷 ……………	135g	ー
水 ……………	30g	ー
安定剤 …………	1g	ー
合計	300g	38.7g

- 果実分量30.0%
  糖分量12.9%

◆マンゴー＆パッショングラニータのレシピ

〈材料〉		糖分量
マンゴー生 ……	60g	9.6g
パッションフルーツ生 ………………	30g	4.8g
シロップ ………	40g	24.0g
氷 ……………	135g	ー
水 ……………	34g	ー
安定剤 …………	1g	ー
合計	300g	38.4g

- 果実分量30.0%
  糖分量12.8%

マンゴーとパッションフルーツを組み合わせても美味しいグラニータになる。パッションフルーツはフレーバーが強いため、使用量は抑える。

♦ドラゴン&パッション グラニータ

Dragon Fruit & Passion Fruit Granita

〈材料〉		糖分量
ドラゴンフルーツ(赤)生	60g	6.0g
パッションフルーツ生	30g	4.8g
シロップ	45g	27.0g
氷	135g	—
水	29g	—
安定剤	1g	—
合計	300g	37.8g

▪ 果実分量30.0%
糖分量12.6%

ドラゴンフルーツは独特な香りがあるが、他のフルーツと組み合わせて飲みやすい味にしながら、個性的な色を生かすことができる。

◆キウイグラニータ

Kiwi Fruit Granita

〈材料〉

		糖分量
キウイフルーツ生	90g	12.6g
レモン果汁	4g	0.3g
シロップ	45g	27.0g
氷	135g	—
水	25g	—
安定剤	1g	—
合計	300g	39.9g

- 果実分量30.0%
  糖分量13.3%

キウイフルーツの種を潰さず、見た目にも「キウイらしさ」を出したい場合は、ブレンダーを通常より低速回転にする。

♦トロピカルグラニータ

Tropical Granita

〈材料〉		糖分量
マンゴー生 ……	30g	4.8g
パパイヤ生 ……	30g	2.7g
パイナップル生 ‥	30g	3.9g
レモン果汁 ………	4g	0.3g
シロップ…………	45g	27.0g
氷 ……………	135g	—
水 ……………	25g	—
安定剤 …………	1g	—
合計	300g	38.7g

- 果実分量30.0%
  糖分量12.9%

GRAPE APPLE PEACH

ブドウ・リンゴ・桃

日本で特に馴じみのある「ブドウ・リンゴ・桃」。日本人が食べ慣れているフルーツだからこそ、そのまま食べるのとは違ったフローズンドリンクならではの美味しさが印象的です。ブドウもリンゴも桃も、色が異なる品種があり、それを生かした商品開発も工夫できます。

◆マスカットグラニータ（左）
◆赤ブドウグラニータ（右）

Grape Granita

〈材料〉

		糖分量
マスカット or 赤ブドウ生	90g	14.4g
レモン果汁	4g	0.3g
シロップ	40g	24.0g
氷	135g	—
水	30g	—
安定剤	1g	—
合計	300g	38.7g

- 果実分量30.0%
  糖分量12.9%

マスカットと赤ブドウ。同じブドウでも味わいはかなり異なり、フローズンドリンクでもそれぞれの美味しさが楽しめる。ともに皮ごと使用。

◆リンゴ（黄王）グラニータ（左）
◆リンゴ（紅玉）グラニータ（右）

Apple Granita

〈材料〉

		糖分量
リンゴ（黄王 or 紅玉）生	90g	12.6g
レモン果汁	4g	0.3g
シロップ	40g	24.0g
氷	135g	—
水	30g	—
安定剤	1g	—
合計	300g	38.7g

▪ 果実分量30.0％／糖分量12.9％

左写真が「黄王」と「紅玉」。右写真が右から「紅玉」、「あきばえ」、「ふじ」。商品開発の際には、品種の違いによる味わいの変化も試してみたい。

♦ピーチ（白桃）グラニータ（左）
♦ピーチ（黄桃）グラニータ（右）

Peach Granita

〈材料〉

		糖分量
白桃 or 黄桃生	105g	10.5g
レモン果汁	4g	0.3g
シロップ	45g	27.0g
氷	135g	―
水	10g	―
安定剤	1g	―
合計	300g	37.8g

- 果実分量35.0%
  糖分量12.6%

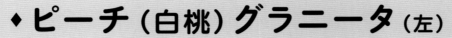

◆ネクタリングラニータ

Nectarine Granita

〈材料〉

材料	分量	糖分量
ネクタリン生	105g	10.5g
レモン果汁	4g	0.3g
シロップ	45g	27.0g
氷	135g	ー
水	10g	ー
安定剤	1g	ー
合計	300g	37.8g

- 果実分量35.0%
  糖分量12.6%

BANANA PLUM APRICOT ETC.

その他のフルーツ

マイルドな味が多くの人に喜ばれるバナナ、個性的な色も特徴のプラム、酸っぱくて美味しいアプリコット（杏）、日本梨とは異なる甘みと香りがあるラフランス（西洋梨）、ドリンクとしては珍しさのあるイチジク。「その他のフルーツ」も、どれも魅力的なグラニータです。

〈材料〉		糖分量
バナナ生	90g	19.8g
レモン果汁	4g	0.3g
▶シロップ	30g	18.0g
▶氷	135g	―
▶水	40g	―
▶安定剤	1g	―
合計	300g	38.1g

▪ 果実分量30.0%
糖分量12.7%

◆バナナグラニータ

Banana Granita

♦プラムグラニータ

Plum Granita

〈材料〉		糖分量
プラム生	75g	7.5g
レモン果汁	4g	0.3g
シロップ	50g	30.0g
氷	135g	―
水	35g	―
安定剤	1g	―
合計	300g	37.8g

- 果実分量25.0%
  糖分量12.6%

◆アプリコットグラニータ

Apricot Granita

〈材料〉		糖分量
アプリコット（杏）生	75g	6.8g
レモン果汁	4g	0.3g
シロップ	55g	33.0g
氷	135g	ー
水	30g	ー
安定剤	1g	ー
合計	300g	40.1g

- 果実分量25.0%
  糖分量13.4%

◆ラフランスグラニータ

La France Granita

〈材料〉

材料		糖分量
ラフランス生	90g	12.6g
レモン果汁	4g	0.3g
シロップ	45g	27.0g
氷	135g	—
水	25g	—
安定剤	1g	—
合計	300g	39.9g

- 果実分量30.0%
  糖分量13.3%

◆イチジク&グレープ グラニータ

Fig & Grape Granita

〈材料〉		糖分量
イチジク生	60g	8.4g
ブドウ	30g	4.8g
レモン果汁	4g	0.3g
シロップ	45g	27.0g
氷	135g	—
水	25g	—
安定剤	1g	—
合計	300g	40.5g

▪ 果実分量30.0%
糖分量13.5%

フルーツティーのグラニータも美味

　ピーチティーやレモンティーのパウダーでもグラニータを作ることができます。フルーツティーの上品な香りのグラニータは、新感覚の美味しさです。

　より簡単に作ることができるグラニータなので、極力手間を増やさず、メニューのバリエーションを増やしたい時などに重宝し、原価が低いのもお店にとって利点です。

〈材料〉

		糖分量
ピーチティーorレモンティーパウダー	30g	27.0g
シロップ	20g	12.0g
氷	150g	―
水	99g	―
安定剤	1g	―
合計	300g	39.0g

▪ 糖分量13.0%

※「ピーチティーグラニータ」（左）にオレンジスライス、「レモンティーグラニータ」（右）にレモンスライス。

◆ピーチティーグラニータ（左）
◆レモンティーグラニータ（右）

Lemon Tea Granita / Peach Tea Granita

ANOTHER GRANITA RECIPE

冷凍フルーツ&ピューレで作るグラニータレシピ

ここまでに登場したグラニータを、「冷凍フルーツ&ピューレ」を使って作る場合のレシピを紹介します。冷凍のフルーツを使うので、その分、氷の量を減らすのが生のフルーツのレシピとの大きな違いです。尚、ここで紹介するレシピのフルーツの糖分量は、11Pで紹介した糖分量の数値ではなく、使用している製品の糖分量の数値で計算したものもあります。

Frozen Fruits & Puree

ここで紹介するレシピに使用しているフルーツの冷凍ピューレ、冷凍ホールの多くは、「レ ヴェルジェ ボワロン」(日仏商事㈱)のものを使用。

ベリー類

◆ラズベリーグラニータ

〈材料〉

材料	分量	糖分量
冷凍ホールラズベリー	90g	9.0g
レモン果汁	4g	0.3g
シロップ	50g	30.0g
氷	60g	—
水	95g	—
安定剤	1g	—
合計	300g	39.3g

▪ 果実分量30.0%／糖分量13.1%

◆ストロベリーグラニータ

〈材料〉

材料	分量	糖分量
冷凍ホールイチゴ	105g	8.9g
レモン果汁	4g	0.3g
シロップ	50g	30.0g
氷	45g	—
水	95g	—
安定剤	1g	—
合計	300g	39.2g

▪ 果実分量35.0%／糖分量13.1%

◆ミックスベリーグラニータ

〈材料〉

材料	分量	糖分量
冷凍ホールイチゴ	45g	3.8g
冷凍ホールラズベリー	30g	3.0g
冷凍ホールブルーベリー	30g	3.3g
レモン果汁	4g	0.3g
シロップ	50g	30.0g
氷	45g	—
水	100g	—
安定剤	1g	—
合計	300g	40.4g

▪ 果実分量35.0%／糖分量13.4%

◆ブルーベリーグラニータ

〈材料〉

材料	分量	糖分量
冷凍ホールブルーベリー	105g	11.6g
レモン果汁	4g	0.3g
シロップ	45g	27.0g
氷	45g	—
水	100g	—
安定剤	1g	—
合計	300g	38.9g

▪ 果実分量35.0%／糖分量13.0%

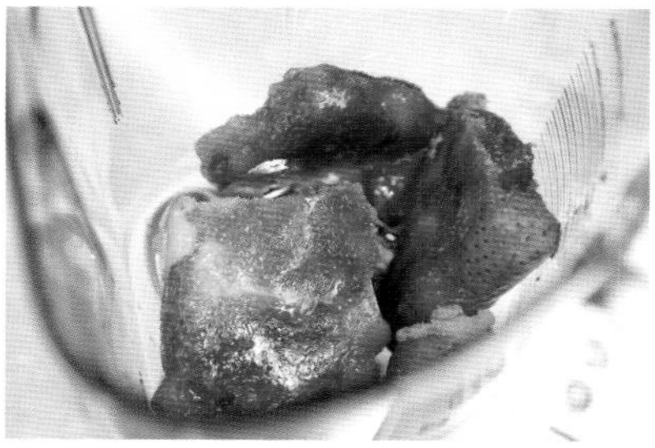

旬の時期などに生のフルーツを購入し、自店で冷凍しておく方法もある。イチゴなどを冷凍する場合は、1回分の量に分け、砂糖を加えて冷凍しておくと使いやすい。

業務用の冷凍フルーツは、下処理の手間を省くことができ、生のフルーツよりもロスが出にくいのも大きな利点。

オレンジetc.

◆ポンカングラニータ

〈材料〉		糖分量
冷凍キューブポンカン	105g	10.5g
レモン果汁	4g	0.3g
シロップ	45g	27.0g
氷	45g	—
水	100g	—
安定剤	1g	—
合計	300g	37.8g

▪果実分量35.0%／糖分量12.6%

◆オレンジグラニータ

〈材料〉		糖分量
冷凍キューブオレンジ	105g	10.5g
レモン果汁	4g	0.3g
シロップ	45g	27.0g
氷	45g	—
水	100g	—
安定剤	1g	—
合計	300g	37.8g

▪果実分量35.0%／糖分量12.6%

◆グレープフルーツグラニータ

〈材料〉		糖分量
冷凍キューブグレープフルーツルビー	105g	10.5g
レモン果汁	4g	0.3g
シロップ	45g	27.0g
氷	45g	—
水	100g	—
安定剤	1g	—
合計	300g	37.8g

▪果実分量35.0%／糖分量12.6%

◆ブラッドオレンジグラニータ

〈材料〉		糖分量
冷凍キューブブラッドオレンジ	105g	11.6g
レモン果汁	4g	0.3g
シロップ	45g	27.0g
氷	45g	—
水	100g	—
安定剤	1g	—
合計	300g	38.9g

▪果実分量35.0%／糖分量13.0%

◆レモングラニータ

※26Pの「レモングラニータ」は、基本的にレモンの生果汁を使用して作ることが多いため、ここではレシピは掲載していません。

◆マンダリンオレンジグラニータ

〈材料〉		糖分量
冷凍ピューレマンダリンオレンジ	105g	12.6g
レモン果汁	4g	0.3g
シロップ	40g	24.0g
氷	45g	—
水	105g	—
安定剤	1g	—
合計	300g	36.9g

▪果実分量35.0%／糖分量12.3%

トロピカル

◆マンゴーグラニータ

〈材料〉		糖分量
冷凍ピューレマンゴー	105g	20.0g
レモン果汁	4g	0.3g
シロップ	30g	18.0g
氷	45g	—
水	115g	—
安定剤	1g	—
合計	300g	38.3g

▪ 果実分量35.0%／糖分量12.8%

◆パイナップルグラニータ

〈材料〉		糖分量
冷凍キューブパイナップル	105g	13.7g
レモン果汁	4g	0.3g
シロップ	40g	24.0g
氷	45g	—
水	105g	—
安定剤	1g	—
合計	300g	38.0g

▪ 果実分量35.0%／糖分量12.7%

◆パッション&マンゴーグラニータ

〈材料〉		糖分量
冷凍ピューレマンゴー	60g	11.4g
冷凍ピューレパッションフルーツ	30g	3.9g
シロップ	40g	24.0g
氷	60g	—
水	109g	—
安定剤	1g	—
合計	300g	39.3g

▪ 果実分量30.0%／糖分量13.1%

◆パパイヤグラニータ

〈材料〉		糖分量
冷凍キューブパパイヤ	90g	8.1g
レモン果汁	4g	0.3g
シロップ	50g	30.0g
氷	60g	—
水	95g	—
安定剤	1g	—
合計	300g	38.4g

▪ 果実分量30.0%／糖分量12.8%

◆ドラゴン&パッショングラニータ

〈材料〉		糖分量
冷凍キューブドラゴンフルーツ(赤)	60g	6.0g
冷凍ピューレパッションフルーツ	30g	3.9g
シロップ	50g	30.0g
氷	60g	—
水	99g	—
安定剤	1g	—
合計	300g	39.9g

▪ 果実分量30.0%／糖分量13.3%

◆パッショングラニータ

〈材料〉		糖分量
冷凍ピューレパッションフルーツ	75g	9.8g
シロップ	50g	30.0g
氷	75g	—
水	99g	—
安定剤	1g	—
合計	300g	39.8g

▪ 果実分量25.0%／糖分量13.3%

◆トロピカルグラニータ

〈材料〉		糖分量
冷凍ピューレマンゴー	30g	5.7g
冷凍ピューレパパイヤ加糖	30g	4.5g
冷凍キューブパイナップル	30g	3.9g
レモン果汁	4g	0.3g
シロップ	40g	24.0g
氷	60g	—
水	105g	—
安定剤	1g	—
合計	300g	38.4g

▪果実分量30.0%／糖分量12.8%

◆キウイグラニータ

〈材料〉		糖分量
冷凍キューブキウイフルーツ	90g	12.6g
レモン果汁	4g	0.3g
シロップ	45g	27.0g
氷	60g	—
水	100g	—
安定剤	1g	—
合計	300g	39.9g

▪果実分量30.0%／糖分量13.3%

ブドウ・リンゴ・桃

◆ピーチ(白桃)グラニータ
ピーチ(黄桃)グラニータ

〈材料〉		糖分量
冷凍ピューレ白桃 or 黄桃加糖	120g	19.2g
レモン果汁	4g	0.3g
シロップ	35g	21.0g
氷	30g	—
水	110g	—
安定剤	1g	—
合計	300g	40.5g

▪果実分量40.0%／糖分量13.5%

◆マスカットグラニータ
赤ブドウグラニータ

〈材料〉		糖分量
冷凍ホールマスカット or 赤ブドウ	90g	14.4g
レモン果汁	4g	0.3g
シロップ	40g	24.0g
氷	60g	—
水	105g	—
安定剤	1g	—
合計	300g	38.7g

▪果実分量30.0%／糖分量12.9%

◆ネクタリングラニータ

〈材料〉		糖分量
冷凍キューブネクタリン	105g	10.5g
レモン果汁	4g	0.3g
シロップ	45g	27.0g
氷	45g	—
水	100g	—
安定剤	1g	—
合計	300g	37.8g

▪果実分量35.0%／糖分量12.6%

◆リンゴ(黄王)グラニータ
リンゴ(紅玉)グラニータ

〈材料〉		糖分量
冷凍キューブリンゴ(黄王 or 紅玉)	90g	12.6g
レモン果汁	4g	0.3g
シロップ	45g	27.0g
氷	60g	—
水	100g	—
安定剤	1g	—
合計	300g	39.9g

▪果実分量30.0%／糖分量13.3%

その他のフルーツ

◆ラフランスグラニータ

〈材料〉		糖分量
冷凍キューブラフランス	90g	12.6g
レモン果汁	4g	0.3g
シロップ	45g	27.0g
氷	60g	—
水	100g	—
安定剤	1g	—
合計	300g	39.9g

▪ 果実分量30.0%／糖分量13.3%

◆バナナグラニータ

〈材料〉		糖分量
冷凍スライスバナナ	90g	19.8g
レモン果汁	4g	0.3g
シロップ	30g	18.0g
氷	60g	—
水	115g	—
安定剤	1g	—
合計	300g	38.1g

▪ 果実分量30.0%／糖分量12.7%

◆イチジク&グレープグラニータ

〈材料〉		糖分量
冷凍キューブイチジク	60g	8.4g
冷凍ホールブドウ	30g	4.8g
レモン果汁	4g	0.3g
シロップ	45g	27.0g
氷	60g	—
水	100g	—
安定剤	1g	—
合計	300g	40.5g

▪ 果実分量30.0%／糖分量13.5%

◆プラムグラニータ

〈材料〉		糖分量
冷凍ホールプラム	75g	7.5g
レモン果汁	4g	0.3g
シロップ	50g	30.0g
氷	75g	—
水	95g	—
安定剤	1g	—
合計	300g	37.8g

▪ 果実分量25.0%／糖分量12.6%

イチジクなど、一般的に流通が少ないフルーツも、
冷凍フルーツであれば比較的、入手しやすい。

◆アプリコットグラニータ

〈材料〉		糖分量
冷凍ピューレアプリコット加糖	90g	18.0g
レモン果汁	4g	0.3g
シロップ	35g	21.0g
氷	60g	—
水	110g	—
安定剤	1g	—
合計	300g	39.3g

▪ 果実分量30.0%／糖分量13.1%

YOGURT GRANITA RECIPE

ヨーグルトで作る グラニータレシピ

ヨーグルトを使ったレシピも紹介します。ヨーグルトのまろやかな酸味がプラスされ、ひと味違ったグラニータになります。健康効果が広く知られているヨーグルトを使うことでヘルシー感も高まります。

※ここでは「冷凍フルーツ&ピューレ」のレシピを紹介しましたが、もちろん、生のフルーツでもOK。
その場合は氷などの量を調整してください。

ベリー類

◆ブルーベリーヨーグルト

〈材料〉		糖分量
冷凍ホールブルーベリー	105g	11.6g
レモン果汁	4g	0.3g
シロップ	45g	27.0g
氷	30g	—
無脂肪ヨーグルト	115g	—
安定剤	1g	—
合計	300g	38.9g

▪果実分量35.0%／糖分量13.0%

◆ストロベリーヨーグルト

〈材料〉		糖分量
冷凍ホールイチゴ	105g	8.9g
レモン果汁	4g	0.3g
シロップ	50g	30.0g
氷	30g	—
無脂肪ヨーグルト	110g	—
安定剤	1g	—
合計	300g	39.2g

▪果実分量35.0%／糖分量13.1%

◆ラズベリーヨーグルト

〈材料〉		糖分量
冷凍ホールラズベリー	90g	9.0g
レモン果汁	4g	0.3g
シロップ	50g	30.0g
氷	45g	—
無脂肪ヨーグルト	110g	—
安定剤	1g	—
合計	300g	39.3g

▪果実分量30.0%／糖分量13.1%

◆ミックスベリーヨーグルト

〈材料〉		糖分量
冷凍ホールイチゴ	45g	3.8g
冷凍ホールラズベリー	30g	3.0g
冷凍ホールブルーベリー	30g	3.3g
レモン果汁	4g	0.3g
シロップ	50g	30.0g
氷	30g	—
無脂肪ヨーグルト	110g	—
安定剤	1g	—
合計	300g	40.4g

▪果実分量35.0%／糖分量13.5%

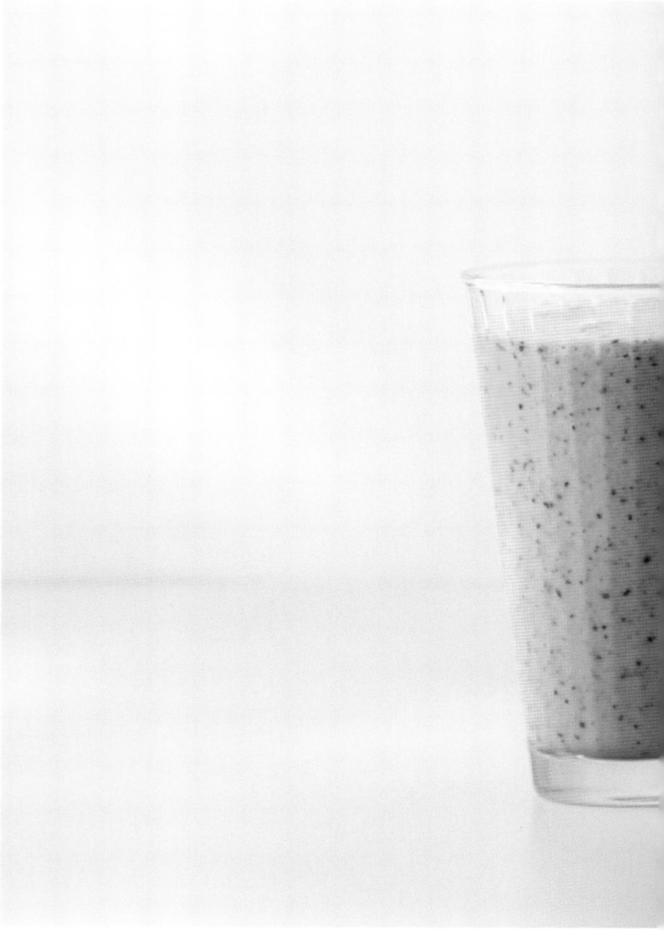

オレンジetc.

◆ポンカンヨーグルト

〈材料〉		糖分量
冷凍キューブポンカン	105g	10.5g
レモン果汁	4g	0.3g
シロップ	45g	27.0g
氷	30g	—
無脂肪ヨーグルト	115g	—
安定剤	1g	—
合計	300g	37.8g

▪ 果実分量35.0%／糖分量12.4%

◆オレンジヨーグルト

〈材料〉		糖分量
冷凍キューブオレンジ	105g	10.5g
レモン果汁	4g	0.3g
シロップ	45g	27.0g
氷	30g	—
無脂肪ヨーグルト	115g	—
安定剤	1g	—
合計	300g	37.8g

▪ 果実分量35.0%／糖分量12.6%

◆グレープフルーツヨーグルト

〈材料〉		糖分量
冷凍グレープフルーツルビーキューブ	105g	10.5g
レモン果汁	4g	0.3g
シロップ	45g	27.0g
氷	30g	—
無脂肪ヨーグルト	115g	—
安定剤	1g	—
合計	300g	37.8g

▪ 果実分量35.0%／糖分量12.6%

◆ブラッドオレンジヨーグルト

〈材料〉		糖分量
冷凍キューブブラッドオレンジ	90g	9.9g
レモン果汁	4g	0.3g
シロップ	45g	27.0g
氷	45g	—
無脂肪ヨーグルト	115g	—
安定剤	1g	—
合計	300g	37.2g

▪ 果実分量35.0%／糖分量12.4%

◆レモンヨーグルト

〈材料〉		糖分量
レモン生果汁	33g	2.8g
レモン皮（すりおろしたもの）	1g	0.1g
シロップ	60g	36.0g
氷	135g	—
無脂肪ヨーグルト	70g	—
安定剤	1g	—
合計	300g	38.9g

▪ 果実分量11.0%／糖分量13.0%

◆マンダリンオレンジヨーグルト

〈材料〉		糖分量
冷凍ピューレマンダリンオレンジ	105g	12.6g
レモン果汁	4g	0.3g
シロップ	40g	24.0g
氷	30g	—
無脂肪ヨーグルト	120g	—
安定剤	1g	—
合計	300g	36.9g

▪ 果実分量35.0%／糖分量12.3%

トロピカル

◆マンゴーヨーグルト

〈材料〉

〈材料〉		糖分量
冷凍ピューレマンゴー	105g	20.0g
レモン果汁	4g	0.3g
シロップ	30g	18.0g
氷	30g	—
無脂肪ヨーグルト	130g	—
安定剤	1g	—
合計	300g	38.3g

- 果実分量35.0%／糖分量12.8%

◆パイナップルヨーグルト

〈材料〉		糖分量
冷凍キューブパイナップル	105g	13.7g
レモン果汁	4g	0.3g
シロップ	40g	24.0g
氷	30g	—
無脂肪ヨーグルト	120g	—
安定剤	1g	—
合計	300g	38.0g

- 果実分量35.0%／糖分量12.7%

◆パッション＆マンゴーヨーグルト

〈材料〉		糖分量
冷凍ピューレマンゴー	60g	11.4g
冷凍ピューレパッションフルーツ	30g	3.9g
シロップ	40g	24.0g
氷	45g	—
無脂肪ヨーグルト	124g	—
安定剤	1g	—
合計	300g	39.3g

- 果実分量30.0%／糖分量13.1%

◆パパイヤヨーグルト

〈材料〉		糖分量
冷凍キューブパパイヤ	90g	8.1g
レモン果汁	4g	0.3g
シロップ	50g	30.0g
氷	45g	—
無脂肪ヨーグルト	110g	—
安定剤	1g	—
合計	300g	38.4g

- 果実分量30.0%／糖分量12.8%

◆ドラゴン＆パッションヨーグルト

〈材料〉		糖分量
冷凍キューブドラゴンフルーツ（赤）	60g	6.0g
冷凍ピューレパッションフルーツ	30g	3.9g
シロップ	50g	30.0g
氷	45g	—
無脂肪ヨーグルト	114g	—
安定剤	1g	—
合計	300g	39.9g

- 果実分量30.0%／糖分量13.3%

◆パッションヨーグルト

〈材料〉		糖分量
冷凍ピューレパッションフルーツ	75g	9.8g
シロップ	50g	30.0g
氷	60g	—
無脂肪ヨーグルト	114g	—
安定剤	1g	—
合計	300g	39.8g

- 果実分量25.0%／糖分量13.3%

◆トロピカルヨーグルト

〈材料〉		糖分量
冷凍ピューレマンゴー	30g	5.7g
冷凍ピューレパパイヤ加糖	30g	4.5g
冷凍キューブパイナップル	30g	3.9g
レモン果汁	4g	0.3g
シロップ	40g	24.0g
氷	45g	—
無脂肪ヨーグルト	120g	—
安定剤	1g	—
合計	300g	38.4g

▪果実分量30.0%／糖分量12.8%

◆キウイヨーグルト

〈材料〉		糖分量
冷凍キューブキウイフルーツ	90g	12.6g
レモン果汁	4g	0.3g
シロップ	45g	27.0g
氷	45g	—
無脂肪ヨーグルト	115g	—
安定剤	1g	—
合計	300g	39.9g

▪果実分量30.0%／糖分量13.3%

ブドウ・リンゴ・桃

◆ピーチ（白桃）ヨーグルト
ピーチ（黄桃）ヨーグルト

〈材料〉		糖分量
冷凍ピューレ白桃 or 黄桃加糖	120g	19.2g
レモン果汁	4g	0.3g
シロップ	35g	21.0g
氷	15g	—
無脂肪ヨーグルト	125g	—
安定剤	1g	—
合計	300g	40.5g

▪果実分量40.0%／糖分量13.5%

◆マスカットヨーグルト
赤ブドウヨーグルト

〈材料〉		糖分量
冷凍ホールマスカット or 赤ブドウ	90g	14.4g
レモン果汁	4g	0.3g
シロップ	40g	24.0g
氷	45g	—
無脂肪ヨーグルト	120g	—
安定剤	1g	—
合計	300g	38.7g

▪果実分量30.0%／糖分量12.9%

◆ネクタリンヨーグルト

〈材料〉		糖分量
冷凍キューブネクタリン	105g	10.5g
レモン果汁	4g	0.3g
シロップ	45g	27.0g
氷	30g	—
無脂肪ヨーグルト	115g	—
安定剤	1g	—
合計	300g	37.8g

▪果実分量35.0%／糖分量12.6%

◆リンゴ（黄王）ヨーグルト
リンゴ（紅玉）ヨーグルト

〈材料〉		糖分量
冷凍キューブリンゴ（黄王 or 紅玉）	90g	12.6g
レモン果汁	4g	0.3g
シロップ	45g	27.0g
氷	45g	—
無脂肪ヨーグルト	115g	—
安定剤	1g	—
合計	300g	39.9g

▪果実分量30.0%／糖分量13.3%

その他のフルーツ

◆ラフランスヨーグルト

〈材料〉

材料	分量	糖分量
冷凍キューブラフランス	90g	12.6g
レモン果汁	4g	0.3g
シロップ	45g	27.0g
氷	45g	—
無脂肪ヨーグルト	115g	—
安定剤	1g	—
合計	300g	39.9g

▪ 果実分量30.0%／糖分量13.3%

◆バナナヨーグルト

〈材料〉

材料	分量	糖分量
冷凍スライスバナナ	90g	19.8g
レモン果汁	4g	0.3g
シロップ	30g	18.0g
氷	45g	—
無脂肪ヨーグルト	130g	—
安定剤	1g	—
合計	300g	38.1g

▪ 果実分量30.0%／糖分量12.7%

◆イチジク&グレープヨーグルト

〈材料〉

材料	分量	糖分量
冷凍キューブイチジク	60g	8.4g
冷凍ホールブドウ	30g	4.8g
レモン果汁	4g	0.3g
シロップ	45g	27.0g
氷	45g	—
無脂肪ヨーグルト	115g	—
安定剤	1g	—
合計	300g	40.5g

▪ 果実分量30.0%／糖分量13.5%

◆プラムヨーグルト

〈材料〉

材料	分量	糖分量
冷凍ホールプラム	75g	7.5g
レモン果汁	4g	0.3g
シロップ	50g	30.0g
氷	60g	—
無脂肪ヨーグルト	110g	—
安定剤	1g	—
合計	300g	37.8g

▪ 果実分量25.0%／糖分量12.6%

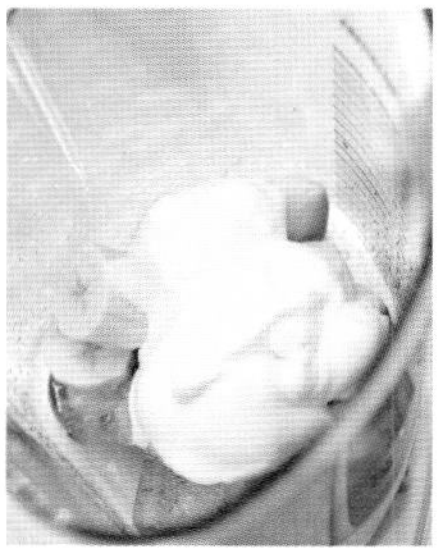

基本的にヨーグルトはどんなフルーツにも合うが、色々と試してみて、特にお気に入りのものを発見したい。

◆アプリコットヨーグルト

〈材料〉

材料	分量	糖分量
冷凍ピューレアプリコット加糖	90g	18.0g
レモン果汁	4g	0.3g
シロップ	35g	21.0g
氷	45g	—
無脂肪ヨーグルト	125g	—
安定剤	1g	—
合計	300g	39.3g

▪ 果実分量30.0%／糖分量13.1%

WHAT IS GRANITA MACHINE?

（グラニータマシンとは？）

「グラニータマシン」をご存じでしょうか。フルーツジュースなどの材料を入れさえすれば、氷を使わなくても、自動的にグラニータが出来上がるマシンです。どんな仕組みなのか。どんな使い方ができるのか。その基本知識を解説します。

「グラニータマシン」は、下の写真で紹介したように、ブレンダー（ミキサー）に比べるとかなり大型で、上部の容器部分にフルーツジュースなどの材料を入れてグラニータを作ります。マシンを始動させると、ステンレスの円柱部分の周りにある渦巻状の樹脂の羽根が回転。円柱部分が材料を冷やす構造になっていて、材料を入れさえすれば、自動的にみぞれ状のグラニータが出来上がります。

　そして、円柱部分を回転させ続けることで、常に一定の固さ（みぞれ状）がキープされるので、注文が入ったらすぐにカップに注いで提供することができます。大型なので、小規模のお店などでは何台も置くのが難しいマシンですが、例えば、提供するグラニータの種類を1～2種類に絞り（マシンを1～2台使用）、効率的に提供したい場合は便利に活用できます。グラニータマシンの容器部分は透明になっていて、中身が回転する様子が見えるので、その視覚効果で注文を誘いやすいのも長所です。

　使用上の注意点としては、材料の糖分量を全体の14％以上にすることです。糖分量が13％以下になると氷結晶が大きくなり、羽根の破損の原因になるので注意が必要です。

フルーツジュースだけでなく、生のフルーツも使えば、より美味しさがアップ。写真（左と下）のように、生のフルーツをブレンダーにかけて加える。生のフルーツの「粒々感」を残して加えれば、さらにフレッシュな印象に。

容器の中にある、円柱部分の周りにある白い渦巻状の樹脂の羽根が回転。円柱部分がフルーツジュースなどの材料を冷やし、自動的にみぞれ状のグラニータが出来上がる。

アイスティーの「氷」にグラニータ

アイスティーなどに、レモンなどのグラニータを加えるのも、ちょっとお洒落な提供法です。グラニータが氷の代わりになり、新しい美味しさも提案できます。

特に前頁で紹介したグラニータマシンを使う場合は、注文ごとにグラニータを作る手間がないので、こうした提供法が容易です。グラニータマシンを、より有効に活用する方法としても要注目です。

Granita & Ice Tae

CHAPTER

Ⅲ

フローズンドリンク | Type ❷

多彩な素材

Frozen Drink
Type2

Various Kind of Ingredients

例えば、ジェラートはフルーツ系だけでなく、抹茶などの和素材、芋などの野菜、コーヒーやキャラメル、ナッツ類を使ったものもとても美味ですが、同様にフローズンドリンクも「多彩な素材」でバリエーションを広げることができます。

本書では、酒粕やとうもろこし、杏仁など、フローズンドリンクの素材として、より珍しさのあるものも使いました。リンゴのカラメリゼなど、調理のひと手間を加えたフルーツを使ったレシピも紹介します。

レシピの特徴としては、どれも牛乳を合わせました。本章で用いる多彩な素材は、牛乳と相性の良いものばかりです。

そして、ミルキーな風味をより強めたい一部のドリンクには、脱脂粉乳も使用しています。脱脂粉乳を使う場合は、左に紹介した「粉糖・脱脂粉乳・安定剤ミックス」を用いました。使用する粉類の種類が多い場合は、あらかじめ混ぜ合わせておいた方が、注文後に作る際の手順が減って便利だからです。粉類を1種類ずつ計量していると分量の計り間違えが起きやすくなりますが、その心配も減ります。ただし、あらかじめ粉類をミックスする場合は、偏りがないように、よく混ぜ合わせることが大切です。混ぜ合わせ方が不十分だと、一部の粉類を使い過ぎてしまうことにもなるので注意してください。

また、コーヒー味やキャラメル味のフローズンドリンクと言えば、『スターバックス』の「コーヒーフラペチーノ®」や「キャラメルフラペチーノ®」がよく知られています。しかし、この「フラペチーノ®」という商品名は『スターバックス』の登録商標なので他のお店では使用できません。

「コーヒーフローズン」、「キャラメルグラニータ」といった普通の呼び名でも十分だとは思いますが、それぞれのお店で、もっとユニークな新たな名称を考えてみるのも良いかもしれません。

本章で紹介する「多彩な素材」のレシピには牛乳を使用。ミルキーさをプラスして優しい味わいに仕上げる。チョコレートシロップやキャラメルシロップは、手軽に使える既製品を活用している。

ミルキーさを強めたい場合に使う
粉糖・脱脂粉乳・安定剤ミックス
（糖分88％）

粉糖	880g
脱脂粉乳	100g
安定剤（ミキサーゲル）	20g
合計	1000g

粉糖、脱脂粉乳、安定剤は、あらかじめ混ぜ合わせておくと便利。尚、他の粉類と混ぜる場合は、グラニュー糖より粒子が細かい粉糖が適している。

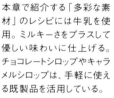

JAPANESE INGREDIENTS

和素材

「和素材」の代表格と言えば「抹茶」。抹茶のフローズンドリンクは特に人気が高いので、使用する抹茶のクオリティーからこだわった方が良いでしょう。合わせて紹介する玄米や酒粕ペーストを使ったフローズンドリンクも美味な和テイストなので、ぜひ試してみてください。

抹茶、粉糖、脱脂粉乳、安定剤をあらかじめ混ぜ合わせておいたものを使用。

♦抹茶

Matcha

〈材 料〉		糖分量
抹茶ミックス★	50g	40.0g
牛乳	130g	—
氷	120g	—
合計	300g	40.0g

・糖分量13.3%

★抹茶ミックス

〈材 料〉		糖分量
抹茶	5g	—
粉糖	40g	40.0g
脱脂粉乳	4g	—
安定剤	1g	—
合計	50g	40.0g

クリームやトッピングで魅力アップ

牛乳を使ったミルキーなフローズンドリンクは、ホイップクリームのトッピングも好相性。販売の仕方としては、追加料金でトッピングできるようにしても良いでしょう。

また、抹茶のフローズンドリンクであれば、金時豆をトッピングして「抹茶金時」にもできます。72Pから登場するフローズンドリンクでも、それぞれのテイストに合わせたトッピング例を紹介しているので、参考にしてください。

◆抹茶クリームグラニータ(右)
◆抹茶金時グラニータ(中)

Matcha Cream Granita / Matcha Kintoki Granita

◆玄米

Brown Rice

〈材料〉

〈材料〉		糖分量
▶玄米きな粉（ローストして粉末化したもの）	10g	—
▶シロップ	65g	39.0g
▶牛乳	89g	—
▶氷	135g	—
▶安定剤	1g	—
合計	300g	39.0g

▪ 糖分量13.0%

〈トッピング〉

ホイップクリーム／玄米ポン菓子

◆酒の華

Sake Flower

〈材料〉

		糖分量
酒の華ペースト★	35g	7.8g
粉糖・脱脂粉乳・安定剤ミックス	40g	35.2g
牛乳	105g	—
氷	120g	—
合計	300g	43.0g

▪糖分量14.3%

〈トッピング〉

ホイップクリーム／黒豆

★酒の華ペースト（1回の仕込み分）

〈材料〉

		糖分量
酒粕	400g	—
グラニュー糖	200g	200g
水	400g	—
合計	1000g	200g

（出来上がり分量900g）

▪糖分量22.2%

〈作り方〉

上記の材料をミキサーで混ぜた後、焦がさないよう煮る（アルコールを飛ばす）。煮た後、再度、ミキサーにかけてから冷やす。

VEGETABLE

野菜

焼き芋（サツマ芋）、カボチャ、スイートコーンの3種類を紹介。甘みのある芋類やスイートコーンは、フローズンドリンクにも適した野菜です。焼き芋だけでなく、カボチャやスイートコーンも、あらかじめ茹でて食べられる状態にし、冷ましておいたものを使います。

〈材料〉

		糖分量
焼き芋	90g	27.9g
シロップ	20g	12.0g
牛乳	100g	ー
氷	90g	ー
合計	300g	39.9g

- 野菜分量30.0%
  糖分量13.3%

〈トッピング〉

ホイップクリーム／サツマイモチップス

サツマ芋は皮ごと使用することで、味わいも見た目も、「サツマ芋らしさ」をより感じてもらうことができる。また、サツマ芋は粘度があるため、レシピの氷の量を減らしている。

◆焼き芋

Sweet Potato

◆かぼちゃ

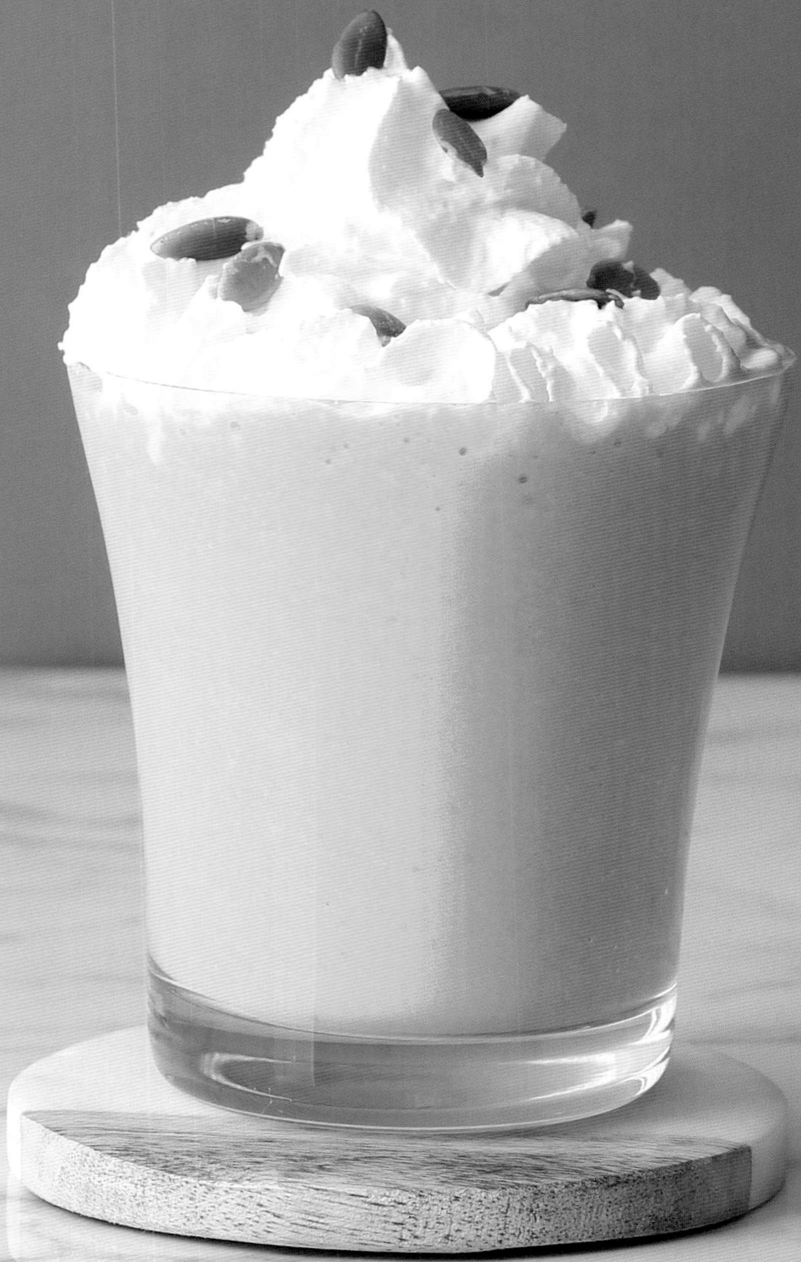

〈材料〉

材料	分量	糖分量
かぼちゃ(茹でたもの)	90g	11.7g
シロップ	45g	27.0g
牛乳	45g	ー
氷	120g	ー
合計	300g	38.7g

- 野菜分量30.0%
  糖分量12.9%

〈トッピング〉

ホイップクリーム／
食用のかぼちゃの種

♦キャラメルラテ

Caramel Latte

〈材料〉

材料	分量	糖分量
エスプレッソシロップ（79Pのレシピ参照）	60g	20.0g
キャラメルシロップ（既成品）	30g	18.0g
牛乳	74g	―
氷	135g	―
安定剤	1g	―
合計	300g	38.0g

▪ 糖分量12.7％

〈トッピング〉

ホイップクリーム／キャラメルシロップ

CHOCOLATE ALMOND

チョコ・アーモンド

チョコレートやアーモンドのテイストを取り入れ、よりスイーツ感覚で楽しめるようにしたフローズンドリンク。中でも「チョコバナナ」は子供たちも大好きな味です。トッピングにもホイップクリームとともにバナナを使えば、みんなが笑顔になること間違いなし。

〈材料〉

		糖分量
チョコレートシロップ（既成品）	20g	12.0g
バニラアイス	40g	6.0g
バナナ生	100g	22.0g
牛乳	30g	―
氷	110g	―
合計	300g	40.0g

▪ 糖分量13.3%

〈トッピング〉

ホイップクリーム／チョコレートシロップ／バナナ

♦チョコバナナ

Chocolate & Banana

♦チョコ&クッキー

Chocolate & Cookie

〈材料〉

材料		糖分量
チョコレートシロップ(既成品)	30g	18.0g
粉糖・脱脂粉乳・安定剤ミックス	15g	13.2g
牛乳	105g	—
チョコクッキー	20g	8.0g
氷	130g	—
合計	300g	39.2g

▪糖分量13.1%

〈トッピング〉

ホイップクリーム/チョコクッキー

チョコクッキーは、ちょっと意外な素材だが、ブレンダーにかければ他の材料と一体化し、味わいにコクをプラスしてくれる。

◆アーモンドキャラメル

Almond & Caramel

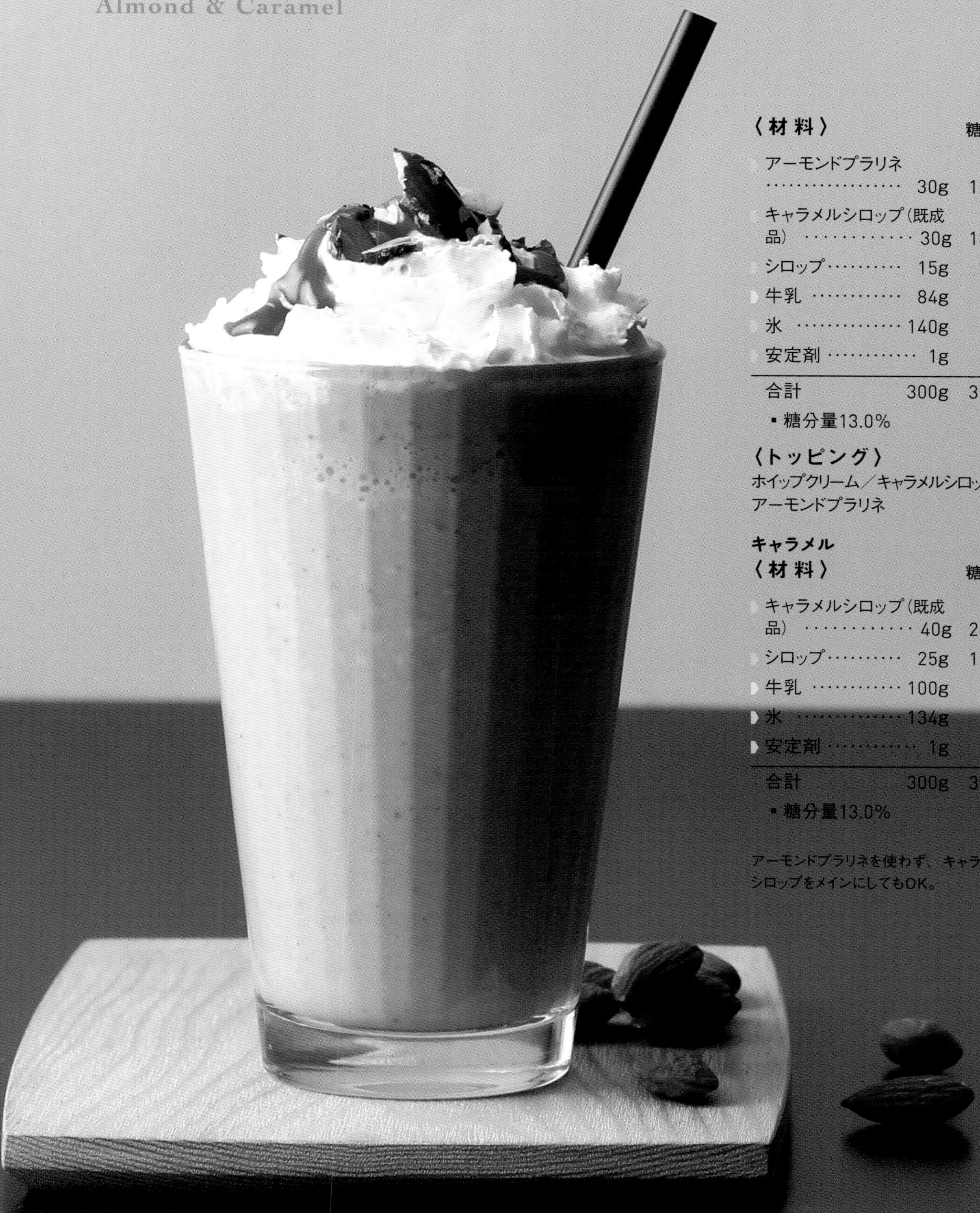

〈材料〉

	量	糖分量
アーモンドプラリネ	30g	12.0g
キャラメルシロップ（既成品）	30g	18.0g
シロップ	15g	9.0g
牛乳	84g	—
氷	140g	—
安定剤	1g	—
合計	300g	39.0g

▪ 糖分量13.0%

〈トッピング〉

ホイップクリーム／キャラメルシロップ／アーモンドプラリネ

キャラメル

〈材料〉

	量	糖分量
キャラメルシロップ（既成品）	40g	24.0g
シロップ	25g	15.0g
牛乳	100g	—
氷	134g	—
安定剤	1g	—
合計	300g	39.0g

▪ 糖分量13.0%

アーモンドプラリネを使わず、キャラメルシロップをメインにしてもOK。

EXTRA FRUIT

調理フルーツ

リンゴのカラメリゼと、金柑煮を使った2品を紹介。生のフルーツとは異なる、調理にひと手間かけたフルーツならではのテイストを楽しめます。調理したフルーツをトッピングにも使えば、手作り感をよりアピールすることもできます。

★リンゴのカラメリゼ（1回の仕込み分）

〈材料〉

材料		糖分量
リンゴの角切り	600g	84g
無塩バター	45g	―
グラニュー糖	180g	180g
はちみつ	60g	42g
バニラビーンズ	1本	―
リンゴジュース	300g	30g
シナモンパウダー	5g	―
合計	1190g	336g

（出来上がり分量1000g）

- 糖分量33.6%

〈材料〉

材料		糖分量
リンゴのカラメリゼ★	60g	20.2g
シロップ	25g	15.0g
牛乳	79g	―
氷	135g	―
安定剤	1g	―
合計	300g	35.2g

- 糖分量11.7%

〈トッピング〉

ホイップクリーム／リンゴのカラメリゼ

〈作り方〉

鍋にグラニュー糖とはちみつを入れて火にかけ、カラメル状に焦がし、そこに無塩バターと半割りにしたバニラビーンズを加える。角切り（約2cm角）にしたリンゴを入れて、すばやくからめ、続いてリンゴジュースを加えて煮詰める。シナモンパウダーを加えて完成。冷やしてから冷蔵庫で保存。

◆リンゴのカラメリゼ

Apple Caramelized

◆金柑

Kumquat

金柑煮（1回の仕込み分）

〈材料〉

		糖分量
金柑	500g	85g
水	200g	—
グラニュー糖	500g	500g
レモン果汁	100g	8.6g
合計	1300g	593.6g

（出来上がり分量1000g）

▪ 糖分量59.4%

〈材料〉

		糖分量
金柑煮★	60g	35.6g
シロップ	5g	3.0g
牛乳	104g	—
氷	130g	—
安定剤	1g	—
合計	300g	38.6g

▪ 糖分量12.9%

〈トッピング〉

ホイップクリーム／金柑煮

金柑煮

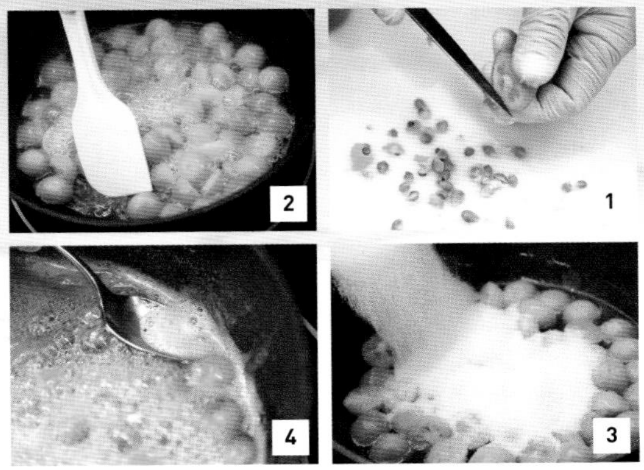

〈作り方〉

金柑は半分に切って種を取り除く（①）。鍋に金柑と水を入れ、柔らかくまで煮る（②）。煮ている間、アクをこまめに取る。グラニュー糖を入れ（③）、レモン果汁も加え、アクをこまめに取りながら、つやが出るまでさらに煮る（④）。

NUTS, ANNIN, COCONUT

その他の素材

ナッツ類、杏仁霜ペースト、ココナッツパウダーを使った3品を紹介。アーモンド、クルミ、カシューナッツ、ピーカンナッツ、ピスタチオと、豊富な種類のナッツ類を使ったフローズンドリンクは、その豊かな香りを「森の木の実」という名前でも表現しました。

〈材料〉

材料		糖分量
アーモンド	10g	1.0g
クルミ	10g	—
カシューナッツ	10g	—
ピーカンナッツ	10g	—
ピスタチオ	5g	—
シロップ	65g	39.0g
牛乳	49g	—
氷	140g	—
安定剤	1g	—
合計	300g	40.0g

▪ 糖分量13.3%

〈トッピング〉

ホイップクリーム／ナッツ類

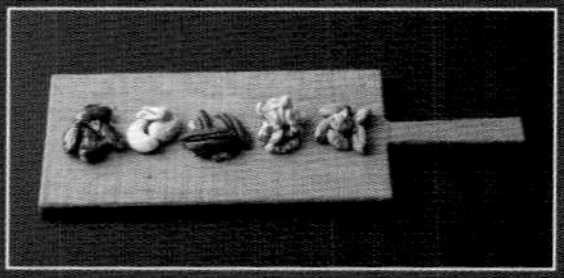

ナッツ類は数種類を使うことで、味に深みが出る。

◆森の木の実

Forest Nuts

◆杏仁

Annin

〈材料〉

		糖分量
杏仁霜ペースト★	50g	11.1g
シロップ	45g	27.0g
牛乳	69g	—
氷	135g	—
安定剤	1g	—
合計	300g	38.1g

▪ 糖分量12.7%

〈トッピング〉

ホイップクリーム／クコの実

★杏仁霜ペースト（1回の仕込み分）

〈材料〉

		糖分量
杏仁霜	120g	—
グラニュー糖	200g	200g
牛乳	680g	—
合計	1000g	200g

(出来上がり分量900g)

▪ 糖分量22.2%

〈作り方〉

上記の材料をミキサーで混ぜた後、焦がさないよう煮る。煮た後、再度、ミキサーにかけてから冷やす。

♦ピナコラーダ

Pina Colada

〈材料〉

	分量	糖分量
パイナップルジュース	90g	11.7g
ココナッツパウダー	5g	—
シロップ	45g	27.0g
水	24g	—
氷	135g	—
安定剤	1g	—
合計	300g	38.7g

▪ 糖分量12.9%

〈トッピング〉

ホイップクリーム／
ココナッツドライロング／パイナップル

「ヨーグルトマーブル」の新感覚ドリンク

フルーツソースを使って、マーブル模様に仕上げる方法もあります。ここで紹介するのは、ヨーグルトやグラニュー糖、脱脂粉乳などとともに氷をミキサーにかけて作る「ヨーグルトベース」を使用して作った「ヨーグルトマーブル」です。

96P～は、マーブル模様を少しアレンジした盛り付けも紹介。フルーツソースではなく、クッキーとグラノーラを使った商品も紹介します。

ヨーグルトベース

＋

フルーツソース
- マンゴーソース
- ラズベリーソース
- ブルーベリーソース

etc.

「ヨーグルトベース」と、フルーツソースを混ぜ合わせることで、ちょうど良い味になるようにする。

ヨーグルトベース

〈材料〉		糖分量
無脂肪ヨーグルト	110g	―
粉糖・脱脂粉乳・安定剤ミックス（67P参照）	35g	30.8g
氷	110g	―
合計	255g	30.8g

- 糖分量12.0%

上記の材料をすべてブレンダーにかけて、「ヨーグルトベース」を作る。

作り方の例

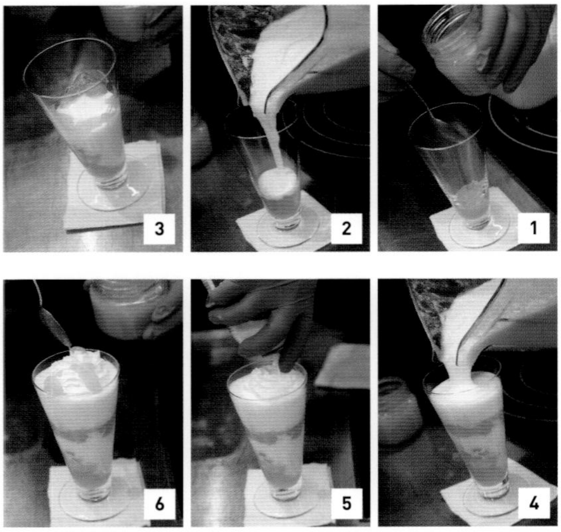

マンゴーソースを使った作り方の例。写真のように、マンゴーソースと「ヨーグルトベース」を交互に盛り付けて完成させる。

◆マンゴーヨーグルトマーブル

Mango Yogurt Marble

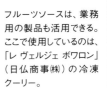

フルーツソースは、業務用の製品も活用できる。ここで使用しているのは、「レ ヴェルジェ ボワロン」(日仏商事㈱)の冷凍クーリー。

♦ フランボワーズヨーグルトマーブル

Framboise Yogurt Marble

マーブルではなく、2層にした盛り付け例。仕上げにフランボワーズを上品に飾ることで、お洒落な印象もアップ。

♦ クッキー&グラノーラ ヨーグルトマーブル

Cookies & Granola Yogurt Marble

細かく砕いたクッキーと「ヨーグルトベース」を交互に盛り付け、グラノーラをトッピング。クッキーやグラノーラで食感の変化を楽しめる一品。

♦ ルージュ ヨーグルトマーブル

Rouges Yogurt Marble

「レ ヴェルジェ ボワロン」（日仏商事㈱）の「フリュイルージュ」（イチゴ、ブラックベリー、さくらんぼ、赤すぐり）という名前の冷凍クーリーを使用。マーブル模様を少しアレンジし、仕上げにホイップクリームとともにベリー類をトッピング。

CHAPTER

Ⅳ

フローズンドリンク | Type 3

スムージー

Frozen Drink
Type3

Smoothie

７Ｐでも解説したように、フルーツ、野菜、乳製品を使って作るスムージーは、「一日に必要なビタミン、ミネラルがバランスよくとれる」と言われるヘルシードリンク。スムージーの語源・ｓｍｏｏｔｈｉｅに「滑らかな」という意味がある通り、氷を使わず、凍らせたフルーツや野菜をベースに作るスムージーは、舌触りも、より滑らかな印象です。凍らせたフルーツや野菜以外の材料として使われるのは、フレッシュフルーツ、フルーツ果汁、牛乳、ヨーグルト、豆乳、アーモンドミルクなど。牛乳、ヨーグルト、豆乳、アーモンドミルクなどのどれを使うかは、それぞれの味や栄養価を踏まえて、お店の方針に合わせて選ぶと良いでしょう。

本書で紹介するスムージーは、多くの商品でヨーグルトを使いました。あらかじめ無脂肪ヨーグルトとグラニュー糖を混ぜ合わせ、凍らせておいた「フローズンヨーグルト」を使用しています。「フローズンヨーグルト」を使うことで、その分、凍らせたフルーツや野菜の使用量は減らし、フレッシュフルーツやフルーツ果汁を使う作り方です。もちろん、ヨーグルトは冷蔵で使い、凍らせたフルーツや野菜の使用量を増やしてもＯＫです。「フローズンヨーグルト」は、一つのアイデアとして参考にしてください。

また、「フローズンヨーグルト」を使う場合、「フローズンヨーグルト＋凍らせたフルーツや野菜」の分量は１５０ｇにしました。全体量３００ｇの50%の割合です。

９Ｐの図でも解説したように、スムージーは「凍らせたフルーツ・野菜」を40%使うのが基本。それよりも割合が多い50%にしています。理由は、「フローズンヨーグルト」をベースにすると、冷凍庫から出す回数が増えるなどし、少し溶けて柔らかくなるからです。「フローズンヨーグルト」が柔らかくなることを考慮して、「フローズンヨーグルト＋凍らせたフルーツや野菜」の割合を増やしています。

使用する糖分10%のフローズンヨーグルト

無脂肪ヨーグルト	900g
グラニュー糖	100g
合計	1000g

無脂肪ヨーグルトとグラニュー糖を、よく混ぜ合わせる。冷凍庫で凍らせておき、スムージーを作る際に必要な分量を使用。

本書のスムージーには、リンゴジュース（写真右）などのフルーツジュースも使用。ニンジンジュースやトマトジュースなどの野菜ジュースも活用した。写真左のフルーツの上にのっているのが「フローズンヨーグルト」。

業務用の冷凍フルーツは、様々な種類のフルーツが販売されており、スムージーにも便利に使うことができる。写真はスムージーで使われることが多いイチゴとブルーベリー。

VEGETABLE SMOOTHIE

野菜スムージー

ヘルシー感を強くアピールできる野菜を使ったスムージー。最初に登場するのは「Apple」「Tomato」「Carrot」の頭文字を商品名にした「ATCスムージー」です。アボカドを使ったスムージーと、赤パプリカを使った「赤いスムージー」も紹介します。

◆ATCスムージー

ATC Smoothie

〈材料〉

材料	分量	糖分量
冷凍キューブリンゴ	100g	14.0g
トマトジュース	50g	2.5g
ニンジンジュース	50g	3.0g
バナナ生	50g	11.0g
フローズンヨーグルト	50g	5.0g
合計	300g	35.5g

▪ 糖分量11.8%

◆アボカドミックス スムージー

Avocado Mix Smoothie

〈材料〉		糖分量
冷凍ホール白ブドウ	50g	8.0g
オレンジジュース	20g	2.0g
リンゴジュース	40g	5.6g
バナナ生	60g	13.2g
アボカド生	20g	―
ベビーリーフ	10g	―
フローズンヨーグルト	100g	10.0g
合計	300g	38.8g

▪ 糖分量12.9%

アボカドミックススムージー

〈材料〉		糖分量
冷凍キューブアボカド	40g	―
リンゴジュース	50g	7.0g
バナナ生	55g	12.1g
豆乳	30g	―
ベビーリーフ	15g	―
フローズンヨーグルト	110g	11.0g
合計	300g	30.1g

▪ 糖分量10.0%

「アボカドミックススムージー」の別レシピ。アボカドの冷凍キューブを使い、豆乳などを合わせた。

♦赤いスムージー

Red bell pepper Smoothie

〈材料〉

材料		糖分量
冷凍ホールイチゴ	50g	4.3g
パプリカ赤	20g	0.6g
リンゴジュース	60g	8.4g
バナナ生	60g	13.2g
クルミ	10g	—
フローズンヨーグルト	100g	10.0g
合計	300g	36.5g

▪ 糖分量12.2%

FRUIT SMOOTHIE

フルーツスムージー

フルーツをメインにしたスムージーも人気です。どんなフルーツを組み合わせて作るのかは自由なので、オリジナルのスムージーにもぜひ挑戦してみてください。ここではキウイフルーツ、パイナップル、バナナを使った「キバナススムージー」などを紹介。

〈材料〉		糖分量
冷凍キューブキウイフルーツ	50g	7.0g
冷凍キューブパイナップル	70g	9.1g
バナナ生	70g	15.4g
豆乳	110g	—
合計	300g	31.5g

▪ 糖分量10.5%

◆キバナススムージー

Kibanasu Smoothie

◆森のイチゴスムージー

Mixberry Smoothie

〈材料〉

		糖分量
冷凍ホールイチゴ	40g	3.4g
冷凍ホールラズベリー	40g	4.0g
冷凍ホールブルーベリー	40g	4.4g
バナナ生	50g	11.0g
牛乳	120g	—
シロップ	10g	6.0g
合計	300g	28.8g

▪ 糖分量9.6%

◆フルーツナッツスムージー

Fruit & Nuts Smoothie

〈材料〉

材料		糖分量
冷凍スライスバナナ	60g	13.2g
冷凍キューブパイナップル	30g	3.9g
オレンジジュース	60g	6.0g
豆乳	60g	―
アーモンドプラリネ	10g	3.0g
クルミ	10g	―
カシューナッツ	10g	―
フローズンヨーグルト	60g	6.0g
合計	300g	32.1g

▪ 糖分量10.7%

SMOOTHIE BOWL

スムージーボウル

スムージーに、フルーツなどの具材をたっぷりとトッピングした「スムージーボール」。アメリカではスムージーボールを食事として楽しむスタイルもあります。日本でも、健康的な食スタイルの一つとして、スムージーボールがこれからもっと広がるかもしれません。

◆ATCスムージー

ATC Smoothie

〈トッピング〉

グラノーラ／ミニトマト／バナナ／ブルーベリー

※スムージーのレシピは101P参照

♦アボカドミックス スムージー

Avocado Mix Smoothie

〈トッピング〉

グラノーラ／バナナ／オレンジ／
アーモンドスライス

※スムージーのレシピは102P参照

◆赤いスムージー

Red bell pepper Smoothie

〈トッピング〉

グラノーラ／バナナ／イチゴ／クルミ

※スムージーのレシピは103P参照

◆キバナススムージー

Kibanasu Smoothie

〈トッピング〉

グラノーラ／バナナ／
パイナップル／キウイフルーツ

※スムージーのレシピは104P参照

◆森のイチゴスムージー

Mix berry Smoothie

〈トッピング〉

グラノーラ／イチゴ／
ブルーベリー／ラズベリー／
バナナ／ココナッツドライロング

※スムージーのレシピは106P参照

◆フルーツナッツスムージー

Fruit & Nuts Smoothie

〈トッピング〉

グラノーラ／バナナ／
アーモンドスライス／
カシューナッツ／クルミ

※スムージーのレシピは107P参照

◆イチゴミックススムージー

Strawberry Mix Smoothie

〈トッピング〉

グラノーラ／イチゴ／バナナ／ココナッツドライロング

〈材料〉

		糖分量
冷凍ホールイチゴ	70g	6.0g
冷凍キューブパイナップル	30g	3.9g
バナナ生	40g	8.8g
オレンジジュース	40g	4.0g
豆乳	70g	—
フローズンヨーグルト	50g	5.0g
合計	300g	27.7g

▪ 糖分量9.2%

◆ブルーベリーミックススムージー

Blueberry Mix Smoothie

〈トッピング〉

グラノーラ／ブルーベリー／バナナ／ココナッツドライロング

〈材料〉

材料	分量	糖分量
冷凍ホールブルーベリー	70g	7.7g
冷凍キューブパイナップル	30g	3.9g
バナナ生	40g	8.8g
オレンジジュース	40g	4.0g
豆乳	70g	―
フローズンヨーグルト	50g	5.0g
合計	300g	29.4g

▪ 糖分量9.8%

♦マンゴーミックススムージー

Mango Mix Smoothie

〈トッピング〉

グラノーラ／マンゴー／バナナ／ココナッツドライロング

〈材料〉

材料	分量	糖分量
冷凍キューブマンゴー	70g	11.2g
冷凍キューブパイナップル	30g	3.9g
バナナ生	40g	8.8g
オレンジジュース	40g	4.0g
豆乳	70g	ー
フローズンヨーグルト	50g	5.0g
合計	300g	32.9g

▪ 糖分量11.0%

◆ドラゴンミックススムージー

Dragon Fruit Mix Smoothie

〈トッピング〉

グラノーラ／バナナ／
ココナッツドライロング

〈材料〉

材料	分量	糖分量
冷凍キューブドラゴンフルーツ	40g	4.0g
冷凍キューブパイナップル	30g	3.9g
冷凍キューブマンゴー	30g	4.8g
バナナ生	40g	8.8g
オレンジジュース	40g	4.0g
豆乳	70g	―
フローズンヨーグルト	50g	5.0g
合計	300g	30.5g

▪ 糖分量10.2%

焼き芋&カボチャのボウルも!

第３章の「多彩な素材」で紹介した「焼き芋」(75P)や「カボチャ」(76P)も、スムージーボールの提供スタイルが向いています。芋類を使っているので「食事として楽しむ」という魅力が伝わりやすく、特に女性に喜ばれるのではないでしょうか。

トッピングには、グラノーラや食用のカボチャの種を使って、食感に変化をつけると良いでしょう。

◆ 焼き芋

◆ カボチャ

Sweet potato & Pumpkin

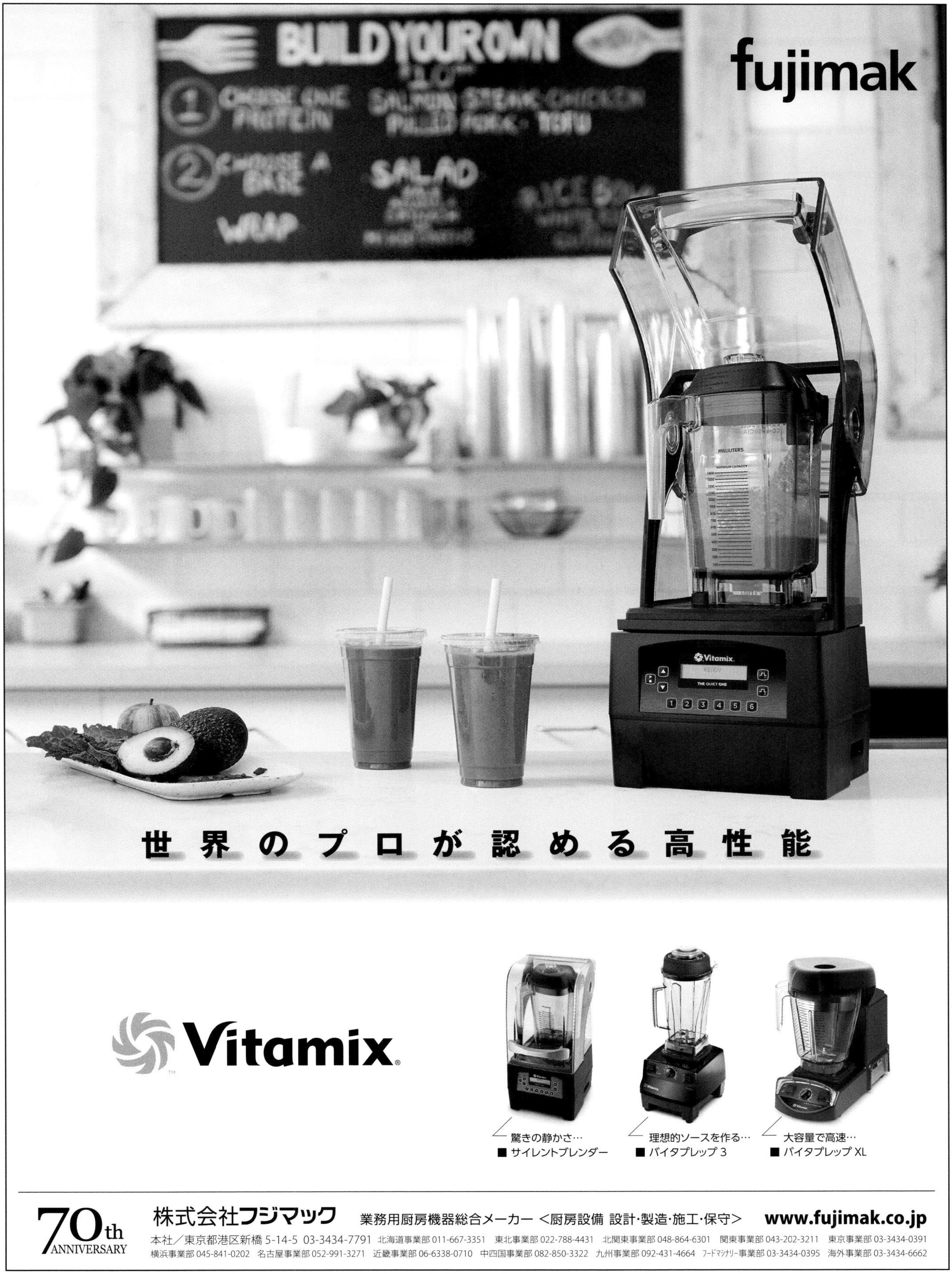
BUILD YOUR OWN
fujimak
世界のプロが認める高性能
Vitamix
驚きの静かさ…
■ サイレントブレンダー
理想的ソースを作る…
■ バイタプレップ 3
大容量で高速…
■ バイタプレップ XL
70th ANNIVERSARY
株式会社フジマック
業務用厨房機器総合メーカー ＜厨房設備 設計･製造･施工･保守＞
www.fujimak.co.jp
本社／東京都港区新橋 5-14-5 03-3434-7791 北海道事業部 011-667-3351 東北事業部 022-788-4431 北関東事業部 048-864-6301 関東事業部 043-202-3211 東京事業部 03-3434-0391
横浜事業部 045-841-0202 名古屋事業部 052-991-3271 近畿事業部 06-6338-0710 中四国事業部 082-850-3322 九州事業部 092-431-4664 ﾌｰﾄﾞﾏｼﾅﾘｰ事業部 03-3434-0395 海外事業部 03-3434-6662

フレッシュな
フルーツの味わいを
忠実に再現!

フローズンドリンク作りに欠かせないのが“MONIN(モナン)”のシロップだ。本頁では2020年春に新登場したモナン フルーツミックスのイチジクとウィリアムズペア(洋ナシ)を使ったレシピをご紹介します。

MONIN

モナン フルーツミックス

モナン フルーツミックスはフルーツピューレをブレンドした果肉入りのシロップ。果実値が一般のシロップより多く、フルーツをたっぷり使い果実の味も香りも食感も楽しめる。ボトルは1Lサイズのもので、19種類のフレーバーを用意。今回紹介する味は、イチジクとウィリアムズペア(洋ナシ)。

「モナン フルーツミックスのイチジクは種の食感や味がダイレクトに味わえます。洋ナシはウィリアムズペアという特に芳醇な香りを持つ品種を使っているので、味も香りも楽しめるクオリティの高い個性的なメニューを提供できます」(根岸 清)。

フルーツミックスは、開封後、常温で1カ月使用できる。フルーツには旬があるため期間が限定されてしまうが、同商品を使えば、年間を通してリアルなフルーツフレーバーの再現が可能に。使いたい分量だけをボトルから注ぐことができるので、オペレーションもスピーディー。無駄なくコストダウンにも役立つ。

モナン公式
ウェブサイト

日仏貿易 株式会社 Tel:0120-003-092 https://www.nbkk.co.jp/

イチジクスムージー

材料（1人分）
モナン イチジク・フルーツミックス ……………………… 30mℓ
モナン ノンデイリー・フラッペベース ……………… 30g
牛乳 ……………… 120mℓ
氷 ………………… 150g

トッピング用
ホイップクリーム ………… 20g
モナン イチジク・フルーツミックス ………………………10mℓ

作り方

1 ミキサーに氷、モナン イチジク・フルーツミックス、ノンデイリー・フラッペベース、牛乳を入れて撹拌する。

2 グラスに1を注ぎ、その上にホイップクリームを盛り、トッピング用にモナン イチジク・フルーツミックスを流す。

1

2

左）ノンデイリー・フラッペベース
右）イチジク・フルーツミックス

Menu's Point

ケーキのトッピングに使うと人気のイチジクだが、これまで日本ではドリンクのメインとして使われることが少ない果実のひとつ。「モナン イチジク・フルーツミックスは、イチジクが持つ酸味や甘み、イチジクの種の粒々感や果肉のやわらかみなどのフルーツ感も味わえます。色も際立つので、新しい感覚のメニューを作ることができます」（根岸）。

洋ナシグラニータ

材料（1人分）
モナン 洋ナシ・フルーツミックス ……………………… 15mℓ
モナン バニラ・シロップ ‥10mℓ
モナン レモン・シロップ ‥ 5mℓ
モナン ノンデイリー・フラッペベース‥ 30g
氷 ………………… 150g
水 ………………… 120mℓ

トッピング用
エディブルフラワー …… 1つ

作り方

1 ミキサーに氷、水、モナン 洋ナシ・フルーツミックス、モナン バニラ・シロップ、モナン レモン・シロップ、ノンデイリー・フラッペベースを入れて撹拌する。

2 氷（分量外）を入れた器にグラスを乗せ1を注ぎ、モナン 洋ナシ・フルーツミックスを流しエディブルフラワーを飾る。

左）洋ナシ・フルーツミックス　中央）バニラ・シロップ　右）レモン・シロップ

1

2

Menu's Point

洋ナシの中でも"ウィリアムズペア"という瑞々しくジューシーな品種を使用したモナン 洋ナシ・フルーツミックス。「洋ナシに、モナン レモン・シロップとモナン バニラ・シロップを加えることで、酸味が際立ち、後味がさっぱりとした香りの良いさわやかなフローズンドリンクに仕上がります。さらに、盛り付け方を工夫することで付加価値も高まります」（根岸）。

特別企画

FROZEN DRINK MACHINE

注目マシンで作る フローズンドリンクの 魅力レシピ

フローズンドリンクを作るのに便利な注目マシンがあります。
この特別企画では、注目マシンを使った
フローズンドリンクの魅力レシピを紹介。

使用する注目マシン

本企画で使用するのは、㈱中部コーポレーションの「カップブレンダーSM500A」と「フローズンドリンクマシンSB-20N」。それぞれに注目したい特長があります。

根岸 清

「カップブレンダーは、フローズンドリンクが完成したら、専用カップでそのまま提供できる点がとても便利です。フローズンドリンクマシンは、かき氷も作ることができる性能に着目し、本書ではシャーベット状の氷菓・グラニテのレシピも提案します」

フローズンドリンクマシン

マシンの上部に角氷を、下部の「ボトル」と呼ぶ部分にフルーツ果汁などの材料を入れ、1ドリンク（1DR）、または2ドリンク（2DR）のボタンを押せば、フローズンドリンクを作ることができる。マシンで削った氷を、かき氷メニューにも使うことができる。

カップブレンダー

専用プラスチックカップにフルーツや野菜を入れ、直接ミキシングできるのが特長。ワンタッチ操作でフローズンドリンクを作ることができる。理想の仕上げに合わせて攪拌時間を設定することができ、自動洗浄も設定可能。

提供までの流れがスムーズで利便性が高い。「かき氷」機能に着目したレシピも提案

紹介する2つのマシンは、実際に使用してみると、それぞれに大きな特長があります。

まず、「カップブレンダーＳＭ５００Ａ」は、専用プラスチックカップを使う点に、マシンとしてのオリジナリティーがあります。材料を専用カップに入れて、直接ミキシングすることができます。完成したら、専用カップでそのまま提供できるので、作業の流れがとてもスムーズです。

一般的なブレンダー（ミキサー）でフローズンドリンクを使った場合は、グラスやカップに注ぐ際、どうしてもブレンダーの底などに果物や氷の液体や粒が少し残ってムダが出るので、「カップブレンダー」はムダが出ないのも長所と言えます。

一方、「フローズンドリンクマシンＳＢ－２０Ｎ」は、上部の容器に角氷を、下部の「ボトル」と呼ぶ部分にフルーツ果汁などの材料を入れ、後はボタンを押すだけでフローズンドリンクを作ることができます。さらに、かき氷を作ることができる機能も備わっています。本書では、この機能を使ってシャーベット状の氷菓「グラニテ」を作りました。簡単に作れて原価も低く、なおかつ、清涼感溢れる魅力的なスイーツです。

フローズンドリンクマシンの使い方

1

「フローズンドリンクマシンSB-20N」の上部の容器に角氷を入れる。連続して何杯か作る場合は、その分の氷をまとめて入れておくことで、作る度に角氷を入れる必要がなく、よりスピーディーに作業できる。

◆フローズンドリンクを作る

2

下部の「ボトル」にフルーツ果汁などの材料を入れ、1ドリンク(1DR)、または2ドリンク(2DR)のボタンを押す。削られた氷とフルーツ果汁などの材料が自動的にミキシングされ、フローズンドリンクが完成する(提案レシピは138P)。

◆かき氷・グラニテを作る

3

「SLICE」という機能を使い、上部の容器に入れた角氷をかき氷にする。かき氷を容器に入れ、一般的なかき氷の場合はシロップなどをかける。本書では、かき氷とフルーツペーストなどを混ぜ合わせて「グラニテ」を作った(提案レシピは134〜137P)。

カップブレンダーの使い方

1

専用プラスチックカップに材料を入れる。写真は、126〜127Pで紹介した「おしるこグラニータ」の材料。フルーツや野菜を使う場合は、15mm角以内のサイズにして専用カップに入れる。氷はチップアイスを使用する。

2

材料を入れた専用カップにプロテクターを取り付けて「カップブレンダーSM500A」にセット。スタートボタンを押してミキシングする。ミキシングを行う時間は、理想の仕上げに合わせて設定できる。

3

完成したら取り出して、プロテクターをはずす。トッピングが無い場合はストローを付けて、そのまま提供。トッピングがある場合は具材を盛る(提案レシピは126〜133P)。自動洗浄の設定にしておけば、ボタン一つで自動的にマシンの内部を洗浄できる。

株式会社中部コーポレーション　E-mail／food@chubu-net.co.jp　https://chubu-net.co.jp/food

◆◆◆◆◆

カップブレンダーで作る 魅力レシピ

◊なめらか黄な粉グラニータ（右）

〈材料〉		糖分量
氷	90g	−
なめらか黄な粉	10g	−
シロップ★	50g	30.0g
豆乳	100g	−
安定剤	0.5g	−
合計	250.5g	30.0g

▪ 糖分量12.0%

※安定剤は「ミキサーゲル」を使用。
本企画のレシピの安定剤は以下同。

◆ 作り方

材料を専用カップに入れて「カップブレンダーSM500A」にセット。スタートボタンを押してミキシングする。自動停止したらカップを取り出し、ホイップクリームをトッピング。

★シロップ（糖分60%）

〈材料〉		糖分量
水	400g	−
グラニュー糖	600g	600g
合計	1000g	600g

※本企画で使用するシロップは以下同。

◊おしるこグラニータ（中央）

〈材料〉		糖分量
氷	90g	−
あんこ	70g	28.0g
牛乳	90g	−
安定剤	0.5g	−
合計	250.5g	28.0g

▪ 糖分量11.2%

◆ 作り方

材料を専用カップに入れて「カップブレンダーSM500A」にセット。スタートボタンを押してミキシングする。自動停止したらカップを取り出し、ホイップクリームと小倉をトッピング。

◊黒ゴマ黄な粉黒蜜グラニータ（左）

〈材料〉		糖分量
氷	90g	−
黒ゴマ黄な粉	10g	−
黒蜜	50g	30.0g
豆乳	100g	−
安定剤	0.5g	−
合計	250.5g	30.0g

▪ 糖分量12.0%

◆ 作り方

材料を専用カップに入れて「カップブレンダーSM500A」にセット。スタートボタンを押してミキシングする。自動停止したらカップを取り出し、ホイップクリームと黒蜜をトッピング。

APPEALING POINT

黄な粉やあんこの和テイストが魅力的なフローズンドリンク3品。トッピングのホイップクリームとも相性がよく、スイーツ感覚で味わえる。

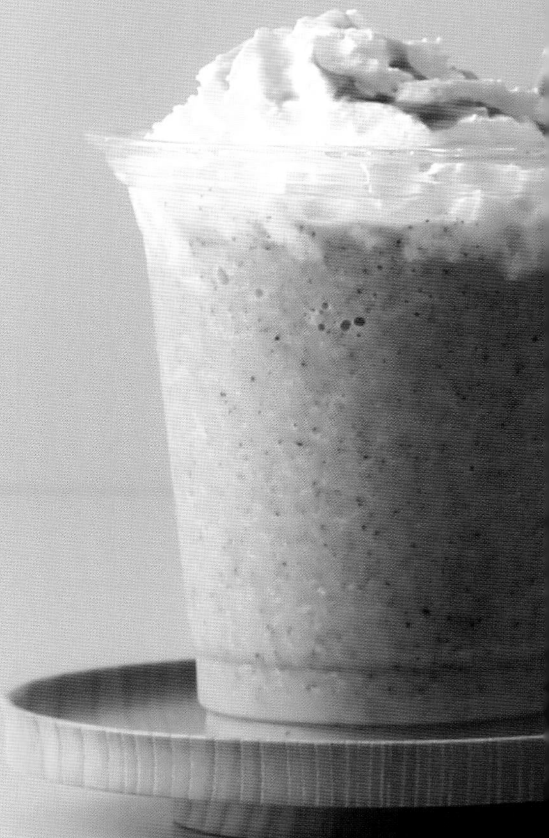

◇イチゴ&バナナヨーグルト

〈材料〉		糖分量
氷	90g	－
イチゴ生	50g	4.3g
バナナ生	40g	8.8g
ヨーグルト	40g	－
シロップ	30g	18.0g
安定剤	0.5g	－
合計	250.5g	31.1g

- 果実分量35.9%
  糖分量12.4%

◆ 作り方

材料を専用カップに入れて「カップブレンダーSM500A」にセット。スタートボタンを押してミキシングする。自動停止したらカップを取り出す。

APPEALING POINT

フルーツの中でも特に人気があるイチゴとバナナを組み合わせた。フレッシュなイチゴの香りと、バナナのマイルドな風味が好相性。

◇キウイ&パインヨーグルト

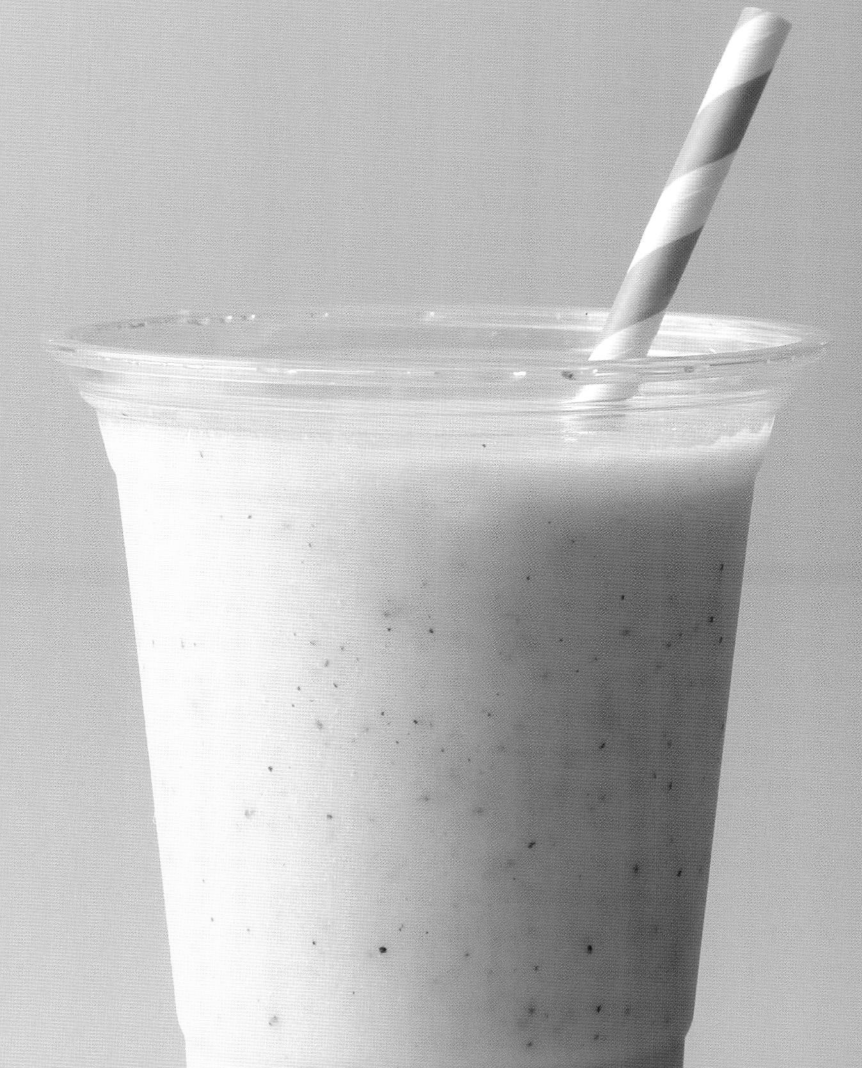

〈材料〉

		糖分量
氷	90g	−
キウイフルーツ生	30g	4.2g
パイナップル生	30g	3.9g
ヨーグルト	65g	−
シロップ	35g	21.0g
安定剤	0.5g	−
合計	250.5g	29.1g

- 果実分量24.0%
  糖分量11.6%

◆作り方

材料を専用カップに入れて「カップブレンダーSM500A」にセット。スタートボタンを押してミキシングする。自動停止したらカップを取り出す。

APPEALING POINT

キウイフルーツとパイナップルも相性がいい。ヨーグルトもプラスして、より爽やかな味わいを楽しめるようにした。

◇ベリーミックスヨーグルトスムージー

〈材料〉

		糖分量
冷凍イチゴ ········	50g	4.3g
冷凍ラズベリー····	20g	2.0g
冷凍ブルーベリー	20g	2.2g
シロップ ··········	35g	21.0g
ヨーグルト ······	125g	−
合計	250g	29.5g

- 果実分量36.0%
  糖分量11.8%

◆ 作り方

材料を専用カップに入れて「カップブレンダーSM500A」にセット。スタートボタンを押してミキシングする。自動停止したらカップを取り出す。

APPEALING POINT

ベリー類を3種類使って作ったスムージー。今回はヨーグルトを合わせたが、牛乳や豆乳でも美味しく作ることができる。

APPEALING POINT

エスプレッソシロップを使って作った「チョコクッキー味」と「チョコバナナ味」。エスプレッソの香りで、ちょっと「大人の味」に。

◇カフェチョコクッキー（左）

〈材料〉

		糖分量
氷	90g	−
エスプレッソシロップ★	30g	15.0g
チョコクッキー	10g	4.0g
チョコレートソース	20g	12.0g
牛乳	100g	−
安定剤	0.5g	−
合計	250.5g	31.0g

▪ 糖分量12.4%

◆ 作り方

材料を専用カップに入れて「カップブレンダーSM500A」にセット。スタートボタンを押してミキシングする。自動停止したらカップを取り出し、ホイップクリーム、チョコレートソース、チョコクッキーをトッピング。

★エスプレッソシロップ

〈材料〉

		糖分量
エスプレッソコーヒー	100g	−
グラニュー糖	100g	100g
合計	200g	100g

▪ 糖分量50.0%

◇カフェチョコバナナ（右）

〈材料〉

		糖分量
氷	90g	−
エスプレッソシロップ	20g	10.0g
チョコレートソース	20g	12.0g
バナナ生	50g	11.0g
牛乳	70g	−
合計	250g	33.0g

▪ 糖分量13.2%

◆ 作り方

材料を専用カップに入れて「カップブレンダーSM500A」にセット。スタートボタンを押してミキシングする。自動停止したらカップを取り出し、ホイップクリーム、チョコレートソース、バナナをトッピング。

◊キャラメルパンプキン

〈材 料〉

〈材 料〉		糖分量
氷	80g	−
カボチャ(ボイル)	50g	6.5g
キャラメルペースト	30g	18.0g
牛乳	70g	−
シロップ	20g	12.0g
合計	250g	36.5g

▪ 糖分量14.6%

◆ **作り方**

材料を専用カップに入れて「カップブレンダーSM500A」にセット。スタートボタンを押してミキシングする。自動停止したらカップを取り出し、ホイップクリーム、食用のカボチャの種、キャラメルペーストをトッピング。

APPEALING POINT

キャラメルペーストを使ったのがポイント。カボチャにキャラメル味をプラスすることで、子供にも喜ばれる味わいに。

◇ パッションオレンジグラニータ

APPEALING POINT

酸味に特徴があるパッションフルーツとオレンジジュースを組み合わせた。爽やかな香りが口中に広がる美味しさ。

〈材料〉

		糖分量
氷	90g	−
オレンジジュース	60g	6.0g
冷凍ピューレパッションフルーツ（解凍）	30g	3.9g
シロップ	35g	21.0g
安定剤	0.5g	−
水	35g	
合計	250.5g	30.9g

▪ 糖分量12.3%

◆ 作り方

材料を専用カップに入れて「カップブレンダーSM500A」にセット。スタートボタンを押してミキシングする。自動停止したらカップを取り出す。

◆◆◆◆◆

フローズンドリンクマシンで作る 魅力レシピ

◊杏仁のグラニテ(右)

〈材料〉		糖分量
削った氷	120g	–
杏仁ペースト★	50g	22.2g
合計	170g	22.2g

▪ 糖分量13.1%

◆ 作り方

「フローズンドリンクマシンSB-20N」の上部の容器に角氷を入れ、「SLICE」の機能で削り出したかき氷を容器に取る。杏仁ペーストをかけて、よく混ぜ合わせて器に盛り、ホイップクリームとクコの実をトッピング。

★杏仁ペースト
(1回の仕込み分)

〈材料〉		糖分量
杏仁霜	80g	–
グラニュー糖	400g	400g
牛乳	520g	–
合計	1000g	400g

(出来上がり分量900g)

▪ 糖分量44.4%

※上記の材料をミキサーで混ぜた後、焦がさないよう煮る。煮た後、再度、ミキサーにかけてから冷やす。

◊大吟醸酒の華のグラニテ(左)

〈材料〉		糖分量
削った氷	120g	–
酒の華ペースト★	40g	26.8g
牛乳	10g	–
合計	170g	26.8g

▪ 糖分量15.8%

◆ 作り方

「フローズンドリンクマシンSB-20N」の上部の容器に角氷を入れ、「SLICE」の機能で削り出したかき氷を容器に取る。酒の華ペーストと牛乳をかけて、よく混ぜ合わせて器に盛り、ホイップクリームと黒豆、金箔をトッピング。

★酒の華ペースト
(1回の仕込み分)

〈材料〉		糖分量
酒粕	200g	–
グラニュー糖	600g	600g
水	200g	—
合計	1000g	600g

(出来上がり分量900g)

▪ 糖分量66.7%

※上記の材料をミキサーで混ぜた後、焦がさないよう煮る(アルコールを飛ばす)。煮た後、再度、ミキサーにかけてから冷やす。

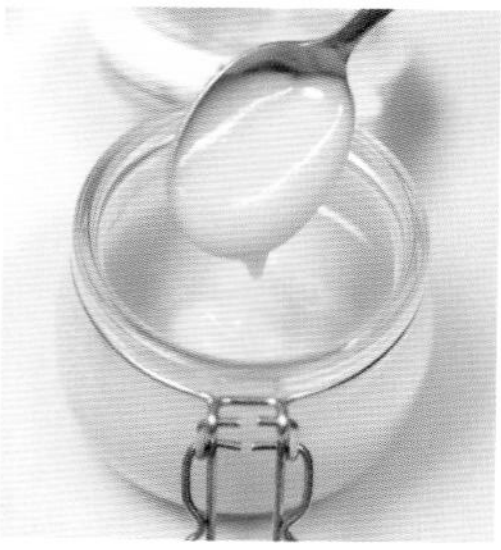

APPEALING POINT

かき氷とペーストを混ぜ合わせてシャーベット状にする。氷が少し溶けるくらいの感じで、よく混ぜ合わせ、ペーストの風味や甘さを全体に馴じませる。

◊マンゴー&パッションのグラニテ

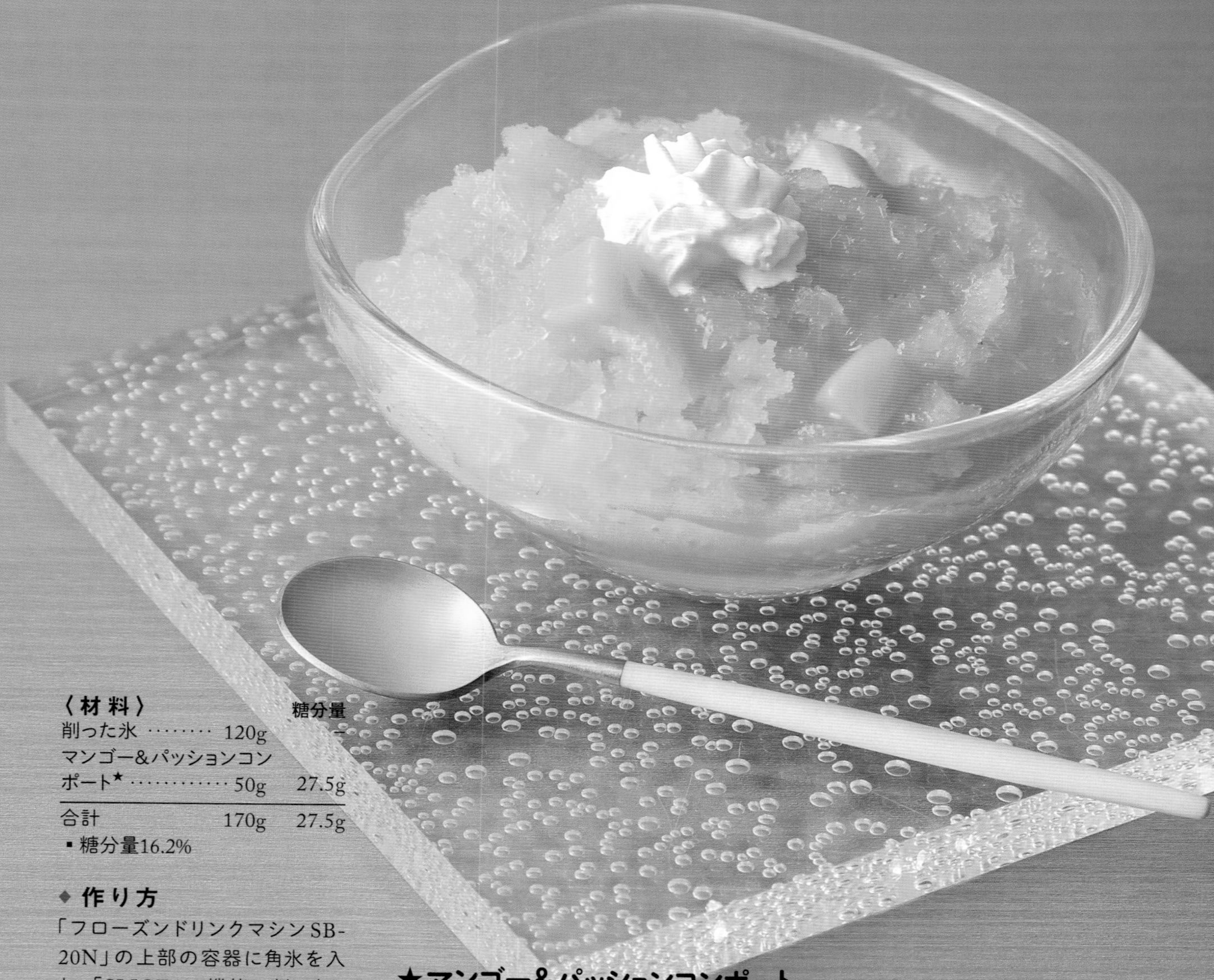

〈材料〉

		糖分量
削った氷 ········	120g	—
マンゴー&パッションコンポート★ ············	50g	27.5g
合計	170g	27.5g

▪ 糖分量16.2%

◆ 作り方

「フローズンドリンクマシンSB-20N」の上部の容器に角氷を入れ、「SLICE」の機能で削り出したかき氷を容器に取る。マンゴー&パッションコンポートをかけて、よく混ぜ合わせて器に盛り、ホイップクリームとコンポートのマンゴーをトッピング。

APPEALING POINT

マンゴーとパッションフルーツでトロピカルな味わいに。コンポートに使用したマンゴーキューブは、トッピングにも使用できる。

★マンゴー&パッションコンポート
（1回の仕込み分）

〈材料〉

		糖分量
冷凍ピューレマンゴー··········	200g	38g
冷凍キューブマンゴー··········	200g	32g
冷凍ピューレパッションフルーツ··	150g	19.5g
レモン果汁 ······················	50g	4.3g
グラニュー糖 ··················	400g	400g
合計	1000g	493.8g

（出来上がり分量900g）

▪ 糖分量54.9%

※すべての材料を鍋に入れ、沸騰したら弱火で15分煮る。

◇ラズベリーグラニテ

〈材料〉

	分量	糖分量
削った氷	120g	－
ラズベリーペースト★	50g	28.1g
合計	170g	28.1g

▪ 糖分量16.5%

◆ 作り方

「フローズンドリンクマシンSB-20N」の上部の容器に角氷を入れ、「SLICE」の機能で削り出したかき氷を容器に取る。ラズベリーペーストをかけて、よく混ぜ合わせて器に盛り、ホイップクリーム、ラズベリーホール、ミントの葉をトッピング。

★ラズベリーペースト（1回の仕込み分）

〈材料〉

	分量	糖分量
冷凍ホールラズベリー	520g	52.0g
レモン果汁	30g	2.6g
グラニュー糖	450g	450g
合計	1000g	504.6g

（出来上がり分量900g）

▪ 糖分量56.1%

※すべての材料を鍋に入れ、沸騰したら弱火で15分煮る。

APPEALING POINT

赤色の見た目も鮮やかな一品。ラズベリーペーストは、冷凍ラズベリーを使って簡単に作ることができる。

◊ブラッドオレンジグラニータ

〈材料〉

〈材料〉		糖分量
冷凍ブラッドオレンジジュース(解凍)	120g	13.2g
シロップ	40g	24.0g
レモン果汁	4g	0.3g
安定剤	1g	–
氷	135g	–
合計	300g	37.5g

▪ 糖分量12.6%

◆ 作り方

「フローズンドリンクマシンSB-20N」の上部の容器に角氷を入れる。「ボトル」に材料を入れ、下部にセットし、ボタンを押してミキシング。完成したらグラスに注ぐ。

APPEALING POINT

一般的なオレンジジュースとはひと味違うブラッドオレンジジュースを使用。「フローズンドリンクマシンSB-20N」を使えば、他にも様々なフルーツジュースでフローズンドリンクを作ることができる。

THE TEXT OF

基本技術と多彩なバリエーション

GELATO

ジェラート教本

イタリアのアイスクリーム「ジェラート」。
本物志向の高まりで、
日本でも人気拡大が続いている。
そのジェラートの知識、技術、
多彩なバリエーションまでを網羅したのが本書。
専門店の開業経営はもちろん、
カフェやレストランのジェラートの導入に必読の一冊。

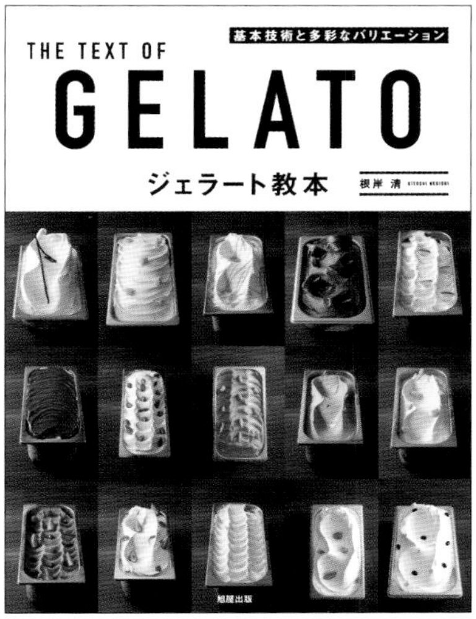

ジェラート教本
根岸 清・著
定価：本体3,000円＋税

著者プロフィール

根岸 清（ねぎし・きよし）
数多くのイタリア訪問を経て、本場のジェラートやエスプレッソを完全修得したエキスパート。日本に本場のジェラートと正統派のエスプレッソを普及させる原動力となったエキスパートの草分けで、現在も数多くのセミナー・指導を行なっている。

本書の主な内容

アイスケーキを作る

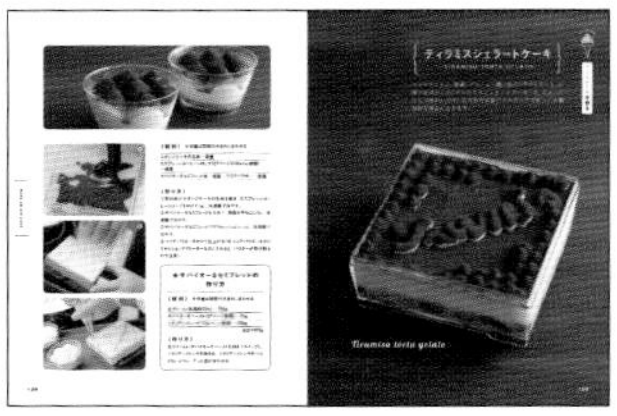

シャーベットのバリエーション

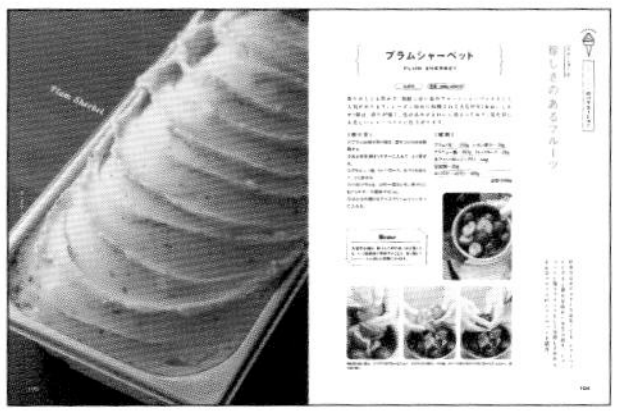

アイスのバリエーション

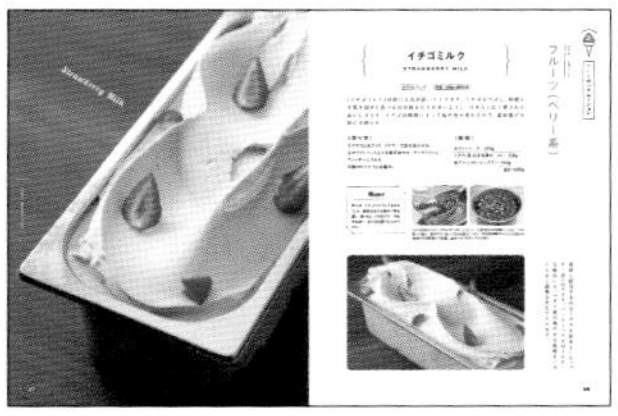

ジェラートの基本知識と技術

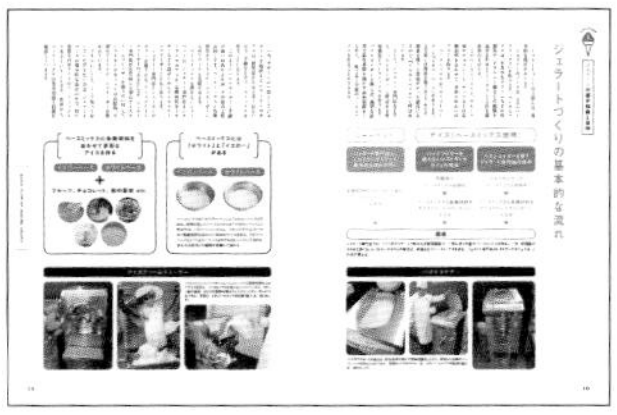

お申し込みは、お近くの書店または旭屋出版へ　旭屋出版　販売部（直通）TEL03-5369-6423　https://asahiya-jp.com
東京都新宿区愛住町23番地2 ベルックス新宿ビルⅡ6階

フレッシュ感あふれるフルーティーな味！

“ANDROS（アンドロス）”はフランスを代表するフルーツ加工メーカー。今回は同社の冷凍フルーツピューレの中でも定番でメジャーなフランボワーズの他ココナッツ、ライチをご紹介します。

日仏貿易　アンドロス 冷凍フルーツピューレ

アンドロスは、フランス南西部のフルーツの産地として名高いロット県で誕生。1910年よりナッツとフルーツの商いからスタートし、やがて消費者に、高品質な果物加工製品を高く評価されるようになっていった。この世界をリードするフルーツ加工メーカーが満を持して商品化したのが、日仏貿易㈱が取り扱う〝アンドロスの冷凍フルーツピューレ〟。

原材料の大部分がフルーツで、原材料の品質を補うための添加物、着色料、香料は不使用。果物農家と契約し、自社農園でも収穫を行ない、常に最良の品種・品質のフルーツを継続的に確保。さらに、最適な成熟度で収穫した最大量のフルーツをすぐに直近の工場で一次加工することで、性質や品質の良さを維持している。

冷凍フルーツピューレの最大の特徴は、厳選した新鮮なフルーツを約90％使用したフレッシュ感あふれるフルーティーな味わいにある。加糖タイプと無糖タイプがあり、フランボワーズピューレなど全26種類を用意。

「アンドロスの冷凍フルーツピューレは、フレッシュ感があっておいしい。フルーツの濃厚な味と色を生かしたオリジナルのフローズンドリンク作りに最適です」（根岸　清）。

ココナツスムージー

材料（1人分）

アンドロス ココナッツピューレ……60g
牛乳……84mℓ
★シロップ……35mℓ
安定剤（ミキサーゲル）……1g
氷……120g

トッピング用

ホイップクリーム……20g
ココナッツファイン……少々

作り方

1 ミキサーに氷、解凍したアンドロス ココナッツピューレ、牛乳、シロップ、安定剤を入れて撹拌する。

2 グラスに1を注ぎ、その上にホイップクリームを盛りココナッツファインをふるう。

★水400mlにグラニュー糖600gを加えた糖分60%のシロップを使用

1

2

ココナッツピューレ

Menu's Point

アンドロス ココナッツピューレは、缶詰やパウダーよりもフレッシュ感がある。ココナッツにホイップと牛乳を加えることで、よりクリーミーな味わいに。飾りにココナッツを細かく削って少し焼いた、美容成分が豊富なスーパーフード・ココナッツファインを使用。「パリッとした食感だけでなく、ホイップの上に黄味がかった色合いも加わるので、見栄えも良くなります」（根岸）。

ライチ&フランボワーズスムージー

材料（1人分）

アンドロス フランボワーズピューレ……60g
牛乳……94mℓ
★シロップ……25mℓ
安定剤（ミキサーゲル）……1g
氷……120g

トッピング用

ホイップクリーム……5g
アンドロス ライチピューレ……20g
ミント……1枚

作り方

1 ミキサーに氷、解凍したアンドロス フランボワーズピューレ、牛乳、シロップ、安定剤を入れて撹拌する。

2 グラスに1を注ぎ、その上にアンドロス ライチピューレを加え、ホイップクリームとミントを飾る。

左）フランボワーズピューレ
右）ライチピューレ

1

2

Menu's Point

ベリー系のフルーツの中でも、鮮やかな濃い赤色をしたフランボワーズを使用したアンドロス フランボワーズピューレ。牛乳と混ぜることでピンク色に変わり女子受けが期待できるドリンクに。「独特な風味を持つライチを加えることで2つの層がうまれ、はじめはそのままで、途中からかき混ぜて2通りの味が楽しめる。甘すぎずスッキリとしたアジアンテイストの味に仕上がります」（根岸）。

お問い合わせ先／日仏貿易株式会社　Tel:0120-003-092 www.nbkk.co.jp

あとがきにかえて　～著者インタビュー～

—今回の本で多彩なフローズンドリンクを作って頂きました。フローズンドリンクに注目されたきっかけは？

根岸　イタリアを訪問した時に、ジェラートショップでみぞれ状のものが並んでいて、カップで飲むスタイルの「グラニータ」が売られていました。甘さが控えめで生のフルーツを使うため、さっぱり飲めるそれを知って、衝撃を受けたことがきっかけです。

—なぜフローズンドリンクに注目されたのですか？

根岸　たくさんの組み合わせがあり、カラフルな見た目を始め自分らしさが表現できるからです。また、氷にジュースを入れた状態で出されるよりもグラスの中身がすべて飲める満足感があります。フローズンドリンクの満足感は、幸せをもたらすものではないでしょうか。生クリームやナッツを加えてパフェのような見た目にもできるし、グラノーラとあわせてスムージーボウルを作ることもできます。非常にバラエティ豊かなドリンクだと思います。

—〝朝スムージー〟が流行りましたが、その現象にはどのようなお考えをお持ちですか？　セレブが飲む敷居の高い飲み物という印象も受けるのですが…

根岸　朝スムージーというのはアメリカでは手軽にできる朝ごはんとして一般的です。凍らせたフルーツ数種類と牛乳や豆乳、またはヨーグルトなどをミキサーにかけるだけで、誰もが簡単に美味しい健康ドリンクを作れるのが魅力となっています。日本には様々な食文化がすぐに入ってきますが、間違って伝わることも多々あり、このスムージーのコンセプト、いわゆる原点に何があるかを知らないまま生産消費をしている現状に、敷居が高くなってしまった原因があるのではないでしょうか。

—好きな食材は？

根岸　いちごが大好きです。レシピを考える上でも、特に色、甘み、酸味、香りと総合的なポテンシャルが高いあまおうには目がありません。

—本書のフローズンドリンクにも、いちごなどのベリー類が数多く登場します。

根岸　ベリー類は自分の庭で育てるほどに好きです。ブルーベリーやラズベリーを使ったミックスベリーは〝森のいちご〟と名づけています。ベリー類は、バラエティに富んだ組み合わせができるのが魅力です。

—今回、フローズンドリンクの専門書を作ってみての感想をお聞かせください。

根岸　レシピ本はいろいろとありますが、美味しい状態に作るポイントを教える本がなかったために作ろうとしたのが動機でした。本を作るに当たって新しい素材を試し、試行錯誤の中で様々な新しい発見もあり、良い勉強ができたなと感じます。この本をあくまで1つの基準として、読者の皆様にもいろいろな食材を試していただければと思います。

―印象に残っているフローズンドリンクのお店を教えてください。

根岸　スターバックスです。スターバックスは接客がとても素晴らしく、席もバラエティに富んでいますよね。飲食業で重要な〝五感で楽しませてくれるお店〟だと思います。コーヒーショップであるにも関わらず、コーヒーを飲まない人がフラペチーノ®を飲みに行き、特に日本の文化である抹茶を素材に使うとか、フラペチーノ®というネーミングを考えて浸透させたのはすごいことだと思います。

―本場イタリアのエスプレッソやジェラートの技術をいち早く学び、シェフやバリスタといったプロフェッショナルへの指導を長年続けていらっしゃいます。

根岸　正直、自分でジェラートショップをしたいと考えていた時期もありました笑　ジェラートは嫌いな人はいないと言っても過言ではないスイーツだと思うのです。組み合わせ方も多くあり、さらに和の食材を使用することでオリジナリティーも得られる。店は始めるのは簡単ですが、続けることはとても難しい。成り立つ店を増やしたいという思いで、店をサポートする立場に回っています。

―お仕事をする上で、大切にされている言葉は何ですか？

根岸　もちろん清潔で安全安心な店づくりです。次に食の部分において「美味しい」と思ってもらうことは大事です。美味しいとは感動や感激を与えられることであり、それが1番の喜びですね。お客様の笑顔を見ることは非常に幸せを感じます。

―お仕事をしていてよかったなと思ったことは？

根岸　作ることや食べることがもともと好きな私が、未知の世界のジェラートとカフェ（エスプレッソ）の勉強ができたことです。それを人に教えていくことでさらに勉強し、知識を得て、正しく伝えることができたと感じています。私はラッキーだったと思います。プロに教えることで喜んでもらえることが嬉しいです。先人のいないことを勉強する、そしてそれを教えるために学びを深める。毎年イタリアに足を運んで、自分をアップデートしています。

インタビュワー　久保田結夏

IGCC代表
(Italian Gelato&Caffé Consulting)
根岸 清

1952年東京生まれ。駒澤大学卒業後、ティー・ケー・サプライズ㈱（現・㈱エフ・エム・アイ※以下FMI）に入社。1982年、Conti Govanni 氏よりジェラートの基礎を習い、1984年、Gelateria Bar Fontana（サルソマッジョーレ※エミリア＝ロマーニャ州）、Gelateria Anna（チェザーノ・マデルノ※ミラノ郊外）、Gelateria Pizzolato（セレーニョ※ミラノ郊外）で修業。以来、日本ジェラート衛生協会委員及び専任講師として指導を行ない、FMIでのジェラートセミナーを開催。理論に基づくジェラートセミナーを全国で年間30回以上行なう。1994年からはミラノのバールでバリスタの修業をし、帰国後FMI の専任講師としてエスプレッソコーヒーセミナーを開催。1999年、一般社団法人東京都食品衛生協会より食品衛生功労賞を受賞し、2002年、イタリア国際カフェテイスティング協会（IIAC）テイスターとイタリアエスプレッソ協会（INEI）認定バリスタを取得する。日本バリスタ協会（JBA）理事・認定委員、日本スペシャルティーコーヒー協会（SCAJ）バリスタ委員、日本ジェラート協会（AGG）グランドマイスターとして認定指導を行う。2015年6月にIGCC（Italian Gelato&Caffé Consulting ／個人事業主）として独立。現在も積極的に海外の情報を収集分析し、セミナーや指導を行っている。2018年に「ジェラート教本」（旭屋出版）を上梓。

撮影協力　株式会社フジマック　株式会社エピック
食材協力　日仏商事株式会社　日仏貿易株式会社
機器協力　株式会社中部コーポレーション

編集　亀高 斉
撮影　キミヒロ
　　　後藤弘行（旭屋出版）
デザイン　本田麻衣代（LILAC）
スタイリング　村松真記
編集協力　吉澤雅弘　細田泰隆
取材協力　久保田結夏　高橋晴美

フローズンドリンク教本

発行日 2020年5月6日　初版発行

著　者　根岸 清（ねぎし・きよし）
発行者　早嶋 茂
制作者　永瀬正人
発行所　株式会社 旭屋出版
〒160-0005　東京都新宿区愛住町23番地2　ベルックス新宿ビルⅡ 6階
TEL：03-5369-6423（販売部）
TEL：03-5369-6422（広告部）
TEL：03-5369-6424（編集部）
FAX：03-5369-6431
https://asahiya-jp.com
郵便振替 00150-1-19572

印刷・製本　株式会社シナノパブリッシングプレス

ISBN978-4-7511-1410-0 C2077